絹の糸とかぎ針で編む
香る草花と
果実のアクセサリー

アンデルヨン

産業編集センター

CONTENTS

難易度 … 編み図や組み立て方が簡単か複雑かを基準に4つの★で示しています。

PEACH

もも

割れ目のある個性的な形が魅力的なももは、一編み一編み丹念に編み上げることで、
新鮮な甘い香りが今にも漂ってきそうな作品に。
優しい色合いの花も一緒に合わせることで、一層愛らしくなります。

作り方 | 48ページ

STRAWBERRY
いちご

ころんとした赤い実と、
ちょこんとついた小さなヘタ。
細かなパーツも一つ一つ大切に
編むことで、とびきり可愛い仕上がりに。
花と葉っぱを加えることで、
いちごの愛くるしい雰囲気がより引き立ちます。

作り方 │ 51ページ

ORANGE

オレンジ

実を鮮やかな色で編むことで
フレッシュで元気な印象に。
そこに小さな白い花と、
いきいきとした緑の葉っぱを
合わせることで、
コントラストが
美しい作品に仕上がります。

作り方 | 55ページ

LEMON

レモン

爽やかな香りと酸味を楽しませてくれるレモンは、明るい色合いの糸で編むことでスッキリとしたブローチに。
花や葉の編み図はオレンジと共通ですので、一緒に作ってみるのもオススメです。

作り方 | 58ページ

PEAR
洋なし

とろけるような口当たりの洋なしは、その特徴的なフォルムも魅力の一つ。
実を落ち着いたトーンの黄緑色で編むことで、
ぽてっとした可愛らしい形と大人っぽい色味の絶妙なバランスを楽しめます。

作り方 | 60ページ

BLUEBERRY

ブルーベリー

一粒に甘酸っぱさが詰まった
ブルーベリーは、
細かな造形にこだわって
独特の可愛らしい形を再現。
青みのある美しい実の色は、
色合わせの妙で
本物らしさがアップします。

作り方 | 63ページ

PERSIMMON

柿

昔から日本人に愛され、
秋になると町のあちらこちらで見かける身近な果実。
こっくりとした色合からはどこか哀愁や懐かしさを感じます。
さりげなく見えるヘタがチャームポイント。

作り方 | 66ページ

WILD GRAPES

山ぶどう

日本の山に古くから自生している山ぶどう。
実をたくさん編んで存在感たっぷりに。
熟した実の濃い色と紅葉した葉の色は、
深まる秋にぴったりのシックな雰囲気です。

作り方 | 68ページ

POMEGRANATE

ザクロ

実をしっとりとした色合いに、花を鮮やかにすることでメリハリのある美しい作品に。
実も花も立体的なつくりですので、
どの角度から見ても魅力たっぷりな仕上がりに。

作り方 | 72ページ

OLIVE
オリーブ

果実からオイルを絞ったり
そのまま食したり。
身近な食材でもあるオリーブは
気取らない色合いで
シンプルなブローチに。
基本的な実や葉の編み方を
練習するのにピッタリな作品ですので、
初めての方にもおススメです。

作り方 | 76ページ

LAVENDER

ラベンダー

フローラルな強い芳香を持つラベンダーは、ハーブの女王とも呼ばれています。
紫色を数種類使って優雅な印象に。
編み図は花とガクの2種類だけなので、初めての方にも取り組みやすい作品です。

作り方 | 78ページ

CHAMOMILE
カモミール

花や葉っぱの細かな部分も
一つ一つ丁寧に編み上げる事で、
ほんのり甘い香りが
漂ってきそうな仕上りに。
たくさん編んだら
最後はひとつにまとめて、
素朴な風合いの花束に。

作り方 81ページ

JASMINE

ジャスミン

豊な甘い香りはリラックス効果もあり、お茶や香水、香料としても人気のハーブ。
花は奥行きをもたせて編むことで、
白の中にも陰影が生まれ、立体感のある姿に仕上がります。

作り方 | 85ページ

ROSE HIP

ローズヒップ

爽やかな甘い香りと
ほどよい酸味のローズヒップは
バラの果実。
濃い赤色の実と華やかなバラの花を
一緒に束ねて
大人の雰囲気漂うブローチに。

作り方 | 88ページ

CALENDULA
カレンデュラ

「キンセンカ」や
「ポットマリーゴールド」の
名前でも親しまれ、鮮やかな美しい花を
咲かせるハーブです。
花びらを重ねて立体的に編み上げた
ブローチは、身に着けるだけで
気持ち華やぐアイテムに。

作り方 | 93ページ

ROSEMARY
ローズマリー

清涼感のあるスッキリとした香りのローズマリー。
特徴的な細葉と清楚な花は、
一つ一つ丁寧に編んで、より一層繊細な雰囲気に。
ナチュラルな風合いが
様々なコーディネートによく馴染みます。

作り方 | 97ページ

ELDERFLOWER

エルダーフラワー

初夏に咲く花は甘くフルーティーな香り。
さまざまな効能を持つことから、
薬用にも活用されているハーブです。
小さな花をたくさん編んで、
ふわっとした優しく繊細な風合いを楽しんで。

作り方 | 100ページ

ELDERBERRY
エルダーベリー

エルダーベリーは、秋に収穫できる
エルダーフラワーの果実です。
たわわに実った姿や、
深い黒色やボルドー色が印象的。
小さな実をたっぷりと編んで
優美で贅沢なブローチに。

作り方 | 102ページ

ROSE GERANIUM
ローズゼラニウム

ピンクの小さな花が愛らしい
ローズゼラニウムは、
葉っぱからバラのような香り
がするハーブです。
ユニークな形の葉っぱも、
小さな花が集まった姿も
丁寧に表現することで
華やかで存在感たっぷりに。

作り方 | 104ページ

CHICORY

チコリ

欧米では野菜としても親しまれ、
花や若葉はサラダなどに、
根は飲み物としても活用できるチコリ。
花は涼し気な色合いで編み、
茎はすらっと長めにすることで
スタイリッシュにまとまります。

作り方 | 108ページ

必要な材料・道具

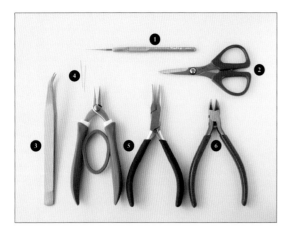

① **レース針**
この本では、Tulip グリップ付き極細レース針 No.25（0.35mm）を使用。

② **ハサミ**
糸を切る時に使用。

③ **ピンセット**
編んだパーツの形を整える時や綿を入れる時等、細かな作業に使用。

④ **縫い針**
編んだパーツを縫いつける時や刺しゅうをする時に使用。

⑤ **平ヤットコ**
ワイヤーを曲げる時に使用。細かな作業がしやすい先が細いタイプと、ワイヤーの本数が多い時に便利な先が太いタイプがあると便利。

⑥ **ニッパー**
ワイヤーを切る時に使用。

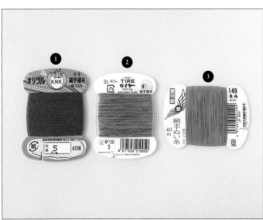

絹手縫い糸
絹手縫い糸（絹100％、9号 40m）
この本では3つのメーカーの絹糸を使用

① オリヅル（カナガワ株式会社）

② タイヤー（株式会社フジックス）

③ 都羽根（大黒絲業株式会社）

※ 1つのメーカーだけでも十分な色揃えがあります。
まずは、手に入りやすいメーカーの絹糸から
お気に入りの色を見つけていくのがおススメです。

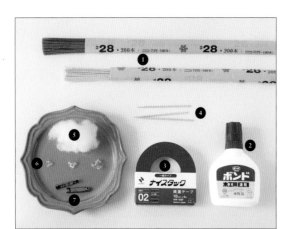

① **アートフラワー用の地巻ワイヤー ♯28**
編んだパーツの芯にする。この本では、緑と白を使用。

② **木工用ボンド**
ワイヤーに糸を巻きつける時などに使用。

③ **両面テープ（幅10mm）**
ブローチピンに糸を巻く時に使用。

④ **つまようじ**
ボンドを塗る時に使用。

⑤ **綿**
編んだパーツの中に入れて使用。

⑥ **ラウンドビーズ**
この本では、3mm、4mm、5mmを使用。
編んだパーツの中に入れて芯にする。

⑦ **ブローチピン**
この本では長さ25mmのものを使用。

※レース針や絹糸などの道具や材料はネットショップでの購入もおススメです。

かぎ針編みの基礎

鎖編み

1.
最初の目を作り、
「針の先に糸をかける」。

2.
かけた糸の引き出して
鎖目を完成させる。

3.
同じように①の「　」内と
②を繰り返し編み進める。

4.
鎖編み5目の完成。

引き抜き編み

1.
段の目に針を入れる。

2.
針先に糸をかける。

3.
糸を一度に引き抜く。

4.
引き抜き編み1目の完成。

細編み

1.
前段の目に針を入れる。

2.
針先に糸をかけてループを
手前に引き出す。

3.
針先に糸をかけ、2ループ
を一度に引き抜く。

4.
細編み1目の完成。

細編み
（平編みのとき）

 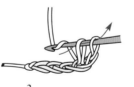 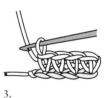

1.
必要な目数の鎖と立ち上がり分の鎖を編み、端から
2目めの鎖に針を入れ、糸をかけて引き出す。

2.
針先に糸をかけ、矢印のよ
うに糸を引き抜く。

3.
1段目が編めたところ
（立ち上がりの鎖1目は1目と数えない）。

中長編み

  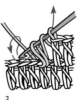

1.
針先に糸をかけてから前段
の目に針を入れる。

2.
さらに針先に糸をかけ、手
前に引き出す。

3.
もう一度針先に糸をかけ、
3ループを一度に引き抜く。

4.
中長編み1目の完成。

長編み

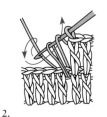

1.
針先に糸をかけてから前段の目に針を入れ、さらに糸をかけて手前に引き出す。

2.
矢印のように針先に糸をかけ、2ループを引き抜く。

3.
もう一度針先に糸をかけ、残りの2ループを引き抜く。

4.
長編み1目の完成。

 長々編み

 三つ巻き長編み

※（　）の数字は
　三つ巻き長編みの場合。

1.
針先に糸を2回（3回）かけてから前段の目に針を入れて、さらに糸をかけて手前に引き出す。

2.
矢印のように針先に糸をかけ、2ループを引き抜く。

3.
同じ動作のあと2回（3回）繰り返す。

4.
長々編み1目の完成。

 鎖1目ピコット

1.
鎖目を1目編んだら、矢印のように半目とすぐ下の足の左端の糸に針を入れる。

2.
針先に糸をかけて引き抜く。

3.
鎖1目ピコットの完成。

細編み2目編み入れる

1.
細編み1目を編む。

2.
同じ目に針を入れてループを引き出し、細編みを編む。

3.
細編みを2目編みいれたところ。

長編み2目編み入れる

1.
長編みを1目編む。編み先に糸をかけて同じ目に針を入れ、糸をかけて引き出す。

2.
針先に糸をかけ、2ループを引き抜く。

3.
もう一度針先に糸をかけ、残りの2ループを引き抜く。

4.
長編みを2目編み入れたところ。前段より1目増える。

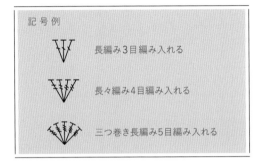

記号例

長編み3目編み入れる

長々編み4目編み入れる

三つ巻き長編み5目編み入れる

※目数が2目以上や長編み以外の場合も、
同じ要領で前段の1目に指定の記号を
指定の目数編み入れる。

細編み2目一度

1.
前段の目に矢印のように針を入れ、ループを引き出す。

2.
次の目からも同じようにループを引き出す。

3.
針先に糸をかけて、矢印のように3ループを一度に引き抜く。

4.
細編み2目一度の完成。前段より1目減る。

束に拾う

前段の鎖目から目を拾う時に矢印のように針を入れて鎖をそっくり拾うことを「束に拾う」と言う。前段が鎖目の場合は基本的に束に拾う。

基本の編み方

| 糸のかけ方 |  |  |  |

1.
左手の小指と薬指の間から糸を手前に出し、人差し指にかけて糸端を手前に出す。

2.
親指と中指で糸端を持ち、人差し指を立てて糸をピンと張る。

3.
糸が滑る場合は、左手の小指に糸を一周巻きつける。

| 段の頭目 |  |  |  |

1.
編み目の上にある鎖のような部分を頭目と呼ぶ。指定がない場合は2本拾う。

2.
頭目の向こう側の1本（半目）を拾う場合。

3.
頭目の手前の1本（半目）を拾う場合。

編み目の上にある鎖のような部分を「頭目」とよびます。

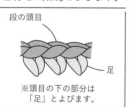

段の頭目

足

※頭目の下の部分は「足」とよびます。

頭目の2本を拾う（特に指定がない場合はすべてこの方法で編む）。

頭目の向こう側の1本（半目）を拾う。

向こう側の1本

頭目の手前の1本（半目）を拾う。

手前の1本

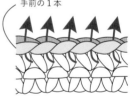

| わの作り目 |  |  |  | |

1.
左手の人差し指に糸を2回巻きつける。

2.
巻きつけた糸の下に針を入れる。

3.
針に糸をかけて引き出す。

4.
もう一度針に糸をかける。

5.
糸を引き抜く。

6.
左手人差し指から糸をはずす。

7.
左手に糸をかけてピンと張る。針に糸をかける。

8.
糸を引き抜く。これが立ち上がりの鎖1目となる。

9.
わの中に針を入れて糸をかける。

10.
かけた糸を引き出し、もう一度針に糸をかける。

11.
糸を引き抜く。わの作り目（細編み）が1目完成。

12.
9〜11を繰り返して必要な目数を編む。（写真では6目編んでいる）

13.
11で編んだ最初の細編みの頭目に針を入れる。（この段階で入れずに、わの作り目の最後の段階で針を入れても良い）

14.
糸端を引き、わの糸のどちらの糸が動くか確認する。

15.
動いた方の糸を引いてわを引き締める。

16.
糸端を引いて、わの残りの糸を引き締める。

17.
針に糸をかける。

18.
糸を引き抜いたら、わの作り目の完成。

わの作り目

（中心から円形に編む場合）

1
左手の人差し指に糸を2回巻きつけ、わを作る。

2
わの中に針を入れて矢印のように糸をかけ、手前に引き出す。

3
さらに針先に糸をかけて引き出し、立ち上がりの鎖1目を編む。

4
1段目はわの中に針を入れて、必要な目数の細編みを編む。

5
一旦針をはずして最初のわの糸（1）と糸端を引いてわを引き締める（2）。

6
1段目の終わりは最初の細編みの頭目に針を入れ、糸をかけて引き抜く。

花びらを編む

基本的な花の編み方を
「もも花（花びら）」の
編み図で解説

1.
わの作り目（10目）を編んだ
ところ。

2.
鎖編みを3目を編む。

3.
針に糸を2回かける。

4.
前段の頭目に針を入れる。

5.
長々編みを編む。

6.
先ほどと同じ頭目に針を入れて
もう1つ長々編みを編み、さら
に鎖編みを2目編んだところ。

7.
先ほどと同じ頭目に長々編みを
2つ編み、つづけて鎖編みを3
目編む。

8.
先ほどと同じ頭目に引き抜き編
みをする。（花びら1枚目が完
成）

9.
次の頭目に針を入れ、引き抜き
編みをする。

10.
同様の方法を繰り返し花びら5
枚目も編んだら、この段で最初
に針を入れた目に針を入れる。

11.
針に糸をかけて引き抜く。

12.
もう一度針に糸をかけて引き抜
き、糸を切る。

13.
編み終わったパーツからは糸が
2本出ている。1本は「編み終
わりの糸端」。

14.
もう1本は、「編み始めの糸端」。

15.
「もも花（花びら）」の編み図で
は、花びらの先に鎖編みを2目
編むことで、少しだけ尖った形
の花びらを表現している。

16.
鎖編み2目を編まずに編むと、
丸い花びらの形を表現すること
ができる。

17.
花びらの先に鎖1目ピコットを
編むと、ツンと尖った花びらの
形を表現することができる。

もも花（花びら）

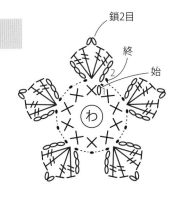

鎖2目
終
2
始
1
わ

ガクを編む
鎖1目ピコット

基本的なガクの編み方を
「もも花（ガク）」の
編み図で解説

1.
わの作り目（5目）を編む。次
に鎖編み2目を編む。

2.
前段の頭目に針を入れて長編み
を1目編んだところ。

3.
ここから鎖1目ピコットを編ん
でいく。まず鎖編みを1目編む。

4.
P26「鎖1目ピコット」を参考
に、半目とすぐ下の足の左端の
糸に針を入れる。

5.
針に糸をかけて引き抜く。（鎖
1目ピコットの完成）

6.
先ほどと同じ頭目に、長編み＋
鎖編み2目を編んだ後、引き抜
き編みをする。ガクの1枚目が
完成。

7.
ガクを全部で5枚編んだら完
成。鎖1目ピコットを編む事で、
ツンと尖った形のガクを表現す
ることができる。

8.
ガクはわの中心に針を入れて、
編み始めの糸端を表側に出して
おく。

9.
表側に糸を引き出したところ。
（花パーツにガクを表向きでつ
けた際に、この糸端をワイヤー
に巻いて茎部分をつくる）

もも花（ガク）

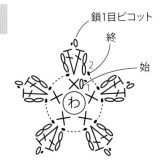

鎖1目ピコット
終
2
始
1
わ

共通の編み図
・いちご花（ガク） ⇒ P52
・洋なし花（ガク） ⇒ P62

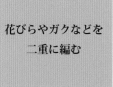

花びらやガクなどを二重に編む

花びらやガク、花芯、ヘタを二重に編む方法を「いちご実（ヘタ）」の編み図で解説

1.
わの作り目（１０目）を編んだところ。

2.
分かりやすくするために、先ほどの状態で糸の色だけを変えたところ。

3.
鎖編み２目＋針に１回糸をかけてから、手前の半目に針を入れる。

4.
手前の半目に長編みを編んだところ。つづけて鎖１目ピコット＋鎖２目を編み、同じ目に針を入れて引き抜き編みをする。

5.
ヘタの１枚目が完成したところ。

6.
次の目も、同じく手前の半目に針を入れる。引き抜き編みを１目編む。

7.
次の目以降も同様に編んでいき、手前の半目にヘタを５枚編んだところ。

8.
向こう側の半目に針を入れる。この目には引き抜き編みをする。（手前と向こう側でヘタの位置を互い違いにするため）

9.
次の半目に針を入れ、引き抜き編み＋鎖２目を編んだところ。さらに同じ目に針を入れて続きを編む。

10.
６枚目のヘタが完成したところ。

11.
６枚目のヘタの次の半目に針を入れているところ。裏側からみると、向こう側の半目はすじのようになってみえる。

12.
10枚目のヘタまで編んだら、最初に針を入れた向こう側の半目の目に再び針を入れて編み終える。

13.
編み終わりの糸端を引いて編み終わり部分を引き締める。

14.
「いちご実（ヘタ）」の完成。二重になっている花びらやガク、花芯を編む際は同様の方法で編む。

いちご実（ヘタ）

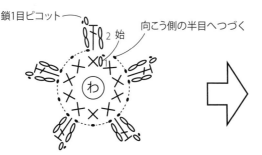

2段目はまず手前の半目を拾う

向こう側の半目を拾う

編み終わったら、編み始めの糸端をわの中心から表側に出す

わに作り目（細編み）をせずに
編む方法を
「もも花（花芯）」の
編み図で解説

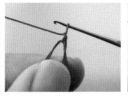

1.
まず「わの作り目」P29 の 8
まで進める。わに鎖が 1 目でき
た状態。

2.
つづけてさらに鎖 1 目＋立ち上
がりの鎖 1 目を編む。（全部で
鎖編みが 3 目編めた状態）

3.
端から 2 つ目の鎖（立ち上がり
の鎖の隣）に針を入れ、引き抜
き編みをする。→ P25（平編
みのとき）の針の入れ方を参考
にする。

4.
さらに次の目にも引き抜き編み
をしたところ。

5.
わの中に針を入れ糸をかける。

6.
糸を引き抜く。（引き抜き編み）

7.
つづけて鎖編みを 3 目編み（内
1 目は立ち上がりの鎖）、先ほ
どと同様に編む。

8.
花芯が 5 つ編めたところ。

9.
針に糸をかけて引き抜いたら、
糸を切る。

10.
わの作り目の時と同じ方法で糸
を引き、わを引き締める。

11.
花芯完成。花芯はこの他に、通
常の方法でわに作り目をして編
むタイプのものある。

もも花（花芯）

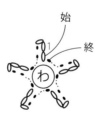

始
終
1
わ

共通の編み図
・洋なし花（花芯）⇒ P62

実を編む

実やつぼみなど、球体に編む方法を「オリーブ実」の編み図で解説

1.
わの作り目（6目）を編んだところ。

2.
2段目を編んでいく。まず立ち上がりの鎖1目を編み、この段最初の頭目に細編みをする。

3.
つづけて同じ目に再び細編みをする。→ P26「細編み2目編み入れる」参照。これで前段より目が1目増えたことになる。

4.
次の目以降も増やし目をしながら編んでいき、この段は12目となる。（前段から6目増）

5.
2段目で最初に編んだ細編みの頭目に針を入れて糸を引き抜く。（2段目の完成）

6.
3段目最初の細編み2目編み入れるまで編んだところ。この段を最後まで編むと全18目となる。（前段から6目増）

7.
4段目最初の細編み2目編み入れるまで編んだところ。この段を最後まで編むと全24目となる。（前段から6目増）

8.
5段目の立ち上がりの鎖1目を編んだところ。5段目から11段目までは増減なく細編みを編む。

9.
11段目まで編んだところ。

10.
12段目は細編みを2目編んだ後、減らし目をする。まず前段の目に針を入れ糸をかけて引き出す。

11.
次の目に針を入れて、同様に針に糸をかけ、糸を引き出す。（針にループが3つある状態）

12.
針先に糸をかけて3つのループを一度に引き抜く。→ P27「細編み2目一度」参照。これで前段より1目減ったことになる。

13.
以降も減らし目をしながら編み進める。

14.
ある程度入口が狭くなってきたら、編み始めの糸端は小さくまるめて実の中に入れる。作品によっては出したままにするものもある。

15.
綿を実の底の方につめる。小さな作品の場合は共糸をつめたり、ビーズ芯やワイヤー芯だけを編みくるむ場合もある。

16.
ビーズ芯を入れる。入口が狭くなってから入れた方がビーズ芯が編み途中で落ちにくくなるため編みやすい。

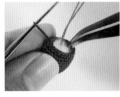

17.
ビーズ芯の上からさらに綿をつめる。

18.
続きを編む。綿が邪魔で編みにくい場合は、ピンセットでよけながら編む。綿が足りないようであれば、途中で追加する。

19.
最後の目まで編んだら、最終段で最初に編んだ細編みの頭目に針を入れて編み終える。

20.
編み終わりの糸端は、まずワイヤーとワイヤーの間に通す。

21.
その後、実のつけ根の部分から丁寧に糸を巻く。ワイヤーに糸を巻く際は常に少量のボンドをつけながら行う。

22.
最後は再びワイヤーとワイヤーの間に糸を通してからボンドで固定し糸を短く切る。

23.
実が完成したところ。

24.
この後、作品によってはヘタやガクをつけたり、ワイヤー部分に枝や茎となる色の糸を巻いて、実を仕上げる。

オリーブ実

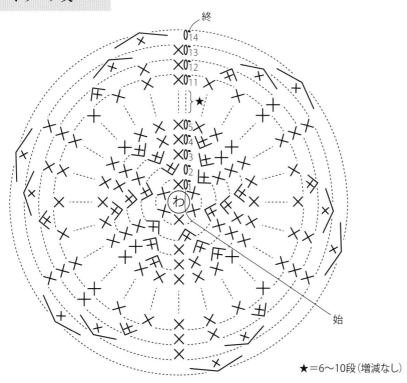

★＝6〜10段(増減なし)

14段目 … 6目	↰6目減
13段目 … 12目	↰6目減
12段目 … 18目	↰6目減
11段目 … 24目	
10段目 … 24目	
9段目 … 24目	
8段目 … 24目	
7段目 … 24目	
6段目 … 24目	
5段目 … 24目	
4段目 … 24目	↰6目増
3段目 … 18目	↰6目増
2段目 … 12目	↰6目増
1段目 … 6目	

<table>
<tr>
<td>

色の変え方

</td>
<td>

1.
糸を変える前段まで編んだら、この段最初の目に針を入れて糸を引き抜き、もう一度針に糸をかけて引き抜いたら糸を切る。

</td>
<td>

2.
先ほど針を入れた目と同じ目に針を入れ、新しい糸を針にかけて引き出す。

</td>
<td>

3.
糸端を持ち、右側からもう一方の糸の上を通して左側へ渡す。

</td>
<td>

4.
糸端を抑えたまま、後は通常と同様に編む。

</td>
</tr>
</table>

5.
立ち上がりの鎖1目＋細編みを編んだところ。

6.
色を変えた段を一周編んだところ。

7.
この段最初に編んだ細編みの頭目に針を入れて糸を引き抜き次の段の立ち上がりを編んだところ。

鎖編みの作り目

1.
針を糸の向こう側から針先を回転させる。

2.
針に糸が巻きついた状態。

3.
針先に糸をかける。

4.
糸を手前に引き出す。糸端を引いて目を引き締め最初の目の完成。（この目は1目とは数えない）

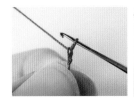

5.
糸を針にかけて引き抜く。（鎖編み1目完成）

6.
これを繰り返して作り目に必要な目数を編む。

鎖の目の見方

鎖の目には表と裏がある。裏側の中央に1本出ているところを、鎖の「裏山」と言う。

表

裏

裏山

1.
鎖編みの作り目の最初の部分を
つくる。

2.
わっかになっている部分にワイ
ヤーを通す

3.
糸を引き締め、ワイヤーと編み
始めの糸端をそろえて持つ。

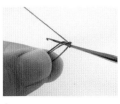

4.
ワイヤーの下に針を入れる。

5.
針に糸をかけて引き出す。

6.
再び針に糸をかけて引き抜く。
作り目の1目が完成。

7.
4〜6を繰り返して必要な数の
作り目を編む。この写真は「も
も葉」の編み図で解説している
ので作り目は18目)

8.
葉の1段目を編んでいく。まず
は、立ち上がりの鎖1目を編む。

9.
ワイヤーの折り曲げた側が左側
になるように持ち変える。

10.
上からみると、作り目の頭目が
並んでみえる。

11.
向こう側の半目だけに針を入れ
る。

12.
1段目最初の細編みを編んだと
ころ。

13.
向こう側の半目を拾いながら1
段目の片側を編んだところ。

14.
鎖を2目編む。

もも葉

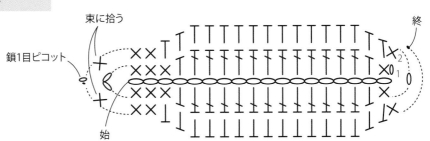

つくり目（18目）

束に拾う

鎖1目ピコット

終

始

15.
1段目のもう半分を編んでいく。手前の半目（先ほど拾わなかった残りの半目）に針を入れる。

16.
ワイヤーの下から針を入れ、糸をかける。

17.
糸を引き出す。（ワイヤーの下に糸が通っている状態）

18.
次はワイヤーの上から針に糸をかけ、糸を引き抜く。ワイヤーを編みくるんだ状態で細編みが1目完成。

19.
次の目以降も同様に、半目とワイヤーの下に針を入れて糸をかけ、編み図の通りに編み進める。

20.
中長編みや長編みなどは、先に針に必要回数糸をかけてから、半目とワイヤーの下に針を入れて編む。

21.
葉の1段目が編み終わったところ。

22.
鎖を1目編む。ここから2段目を編んでいく。

23.
1段目で最初に編んだ細編みの頭目に針を入れる。

24.
この目に、細編みと中長編みを編み入れる。以降も前段の頭目を拾いながら編んでいく。

25.
2段目の片側を編んだところ。

26.
前段で編んだ鎖2目を鎖ごと拾う。→P27「束に拾う」参照

27.
まずは細編みを1目編む。

28.
つづけて鎖1目ピコットを編んだところ。

29.
さらに細編みを編んだところ。（葉の先端部分が完成）

30.
ここから、2段目のもう半分を編んでいく。前段の頭目を拾いながら編む。

31.
2段目が編み終わったところ。

32.
最後は、2段目で最初に編んだ細編みの頭目に針を入れて糸を引き抜く。

33.
さらにもう一度針に糸をかけて引き抜き、糸を切る。

34.
水通し完了後、糸端の処理をする。ワイヤーに少量のボンドをつけ、葉の裏から出ている編み始めの糸端を巻く。

35.
ワイヤーが見えないように丁寧に巻き、最後はワイヤーとワイヤーの間に糸を通してボンドで固定し切る。

36.
編み終わりの糸端も同様に巻いていく。先ほど巻いた糸の上にも少量のボンドをつけて巻く。

37.
完成した葉の表側。

38.
葉の裏側。

水通し

1.
編み終わったパーツは形を整えるため水通しをする。しっかり水を吸うまでしばらくの間水の中につけておく。

2.
水から取り出したら、形を綺麗に整える。

3.
ティッシュの上に置いて自然乾燥させる。水通しするものは、花びら、花芯、ガク、ヘタ、葉。実はしない。

4.
奥行のあるパーツは、つまようじ等を使って立体的に形を整えそのまま自然乾燥させる。(写真はオレンジの花)

基本の組み立て方

ワイヤー芯の作り方

1.
ワイヤーを折り曲げる。少量のボンドをつけてから写真のように折り曲げた部分に糸を巻く。

2.
さらに折り曲げた部分に糸を巻く。巻く回数は、ワイヤー芯小→7~8回、中12~15回、大→20回以上、を目安にする。

3.
糸を巻いたところをヤットコで押さえながらワイヤーを折り曲げる。

4.
芯のつけ根の部分をしっかりと曲げる。糸端は短くカットし必要に応じてボンドで固定する。

ビーズ芯の作り方

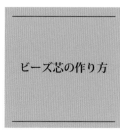

5.
ワイヤー芯（中）の完成。花の花芯部分や小さな実の芯として使用する。用途によって（小）（中）（大）を使い分ける。

6.
左から、ワイヤー芯（小）、ワイヤー芯（中）、ワイヤー芯（大）。

1.
ラウンドビーズにワイヤーを通して芯をつくる。

2.
今回は3種類のサイズを使用。（左から、3㎜、4㎜、5㎜）実の大きさに合わせて使用する。

ワイヤーの色と長さについて

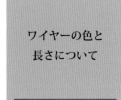

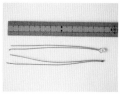

1.
ワイヤーは使う糸に近い色を選ぶ。葉には緑のワイヤーがおススメ。糸の色によってはどちらでも良い場合もある。

2.
例えば、今回はラベンダーのワイヤー芯（花芯）は糸の色が濃いことから、それに合わせて緑のワイヤーを使用している。

3.
ローズマリーの花芯は色が淡いので白のワイヤーを使用。ワイヤーが万一見えてしまっても色が目立たないので安心。

4.
今回使用したワイヤーは全長36㎝なので、この本ではそれを半分に切り（18㎝）、半分に折り曲げて芯にしている。

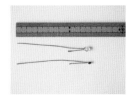

5.
パーツ数が多い作品（山ぶどうやエルダーベリー等）は、さらに半分に切り（9㎝）、先を2㎝程折り曲げて芯にすると良い。

花の組み立て

花パーツの組み立て方を
「もも花」で解説

1.
ももの花を組み立てていく。まず、花芯のわの中心にレース針を入れてわを少しゆるめておく。

2.
花芯のわにワイヤー芯を通し、糸端を引いてわを引き締める。

3.
花芯の編み終わりの糸端とワイヤーを一緒に持つ。

4.
編み始めの糸端でワイヤーと編み終わりの糸端を一緒に巻く。糸を巻く時は常にワイヤーに少量のボンドをつけて行う。

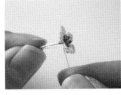

5.
数回巻いたらワイヤーとワイヤーの間に糸端を通し、少量のボンドをつけて固定し糸を切る。

6.
花芯パーツの完成。作品によっては、花びらに直接ワイヤー芯を通す場合や、花芯を縫いつけるものもある。

7.
花芯パーツに花びらパーツを通す。先ほどと同様に、編み終わりの糸端とワイヤーを一緒に持ち、編み始めの糸端で巻く。

8.
花びらパーツまで完成。

9.
ガクのパーツは、予めわの中心に針を入れて編み始めの糸端を表側に引き出しておく。

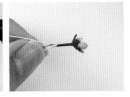

10.
花びらパーツにガクを通す。

11.
ガクと花びらの間にボンドをつける。

12.
ガクの編み終わりの糸端を、ガクと花びらの間に入れて貼りつける。

13.
ガクの先端が花びらの谷間にくるようにガクを貼りつける。

14.
ガクの編み始めの糸端をワイヤーに巻いていき、最後はワイヤーとワイヤーの間に糸を通してからボンドで固定し切る。

15.
花パーツの完成。裏からみたところ。作品によってはガクをつけないものもある。

16.
完成した花パーツを表から見たところ。

1.
ワイヤー芯（大）を編みくるんだら、編み終わりの糸端をワイヤーとワイヤーの間に通す。

2.
編み始めの糸端とワイヤーを一緒に持って、編み終わりの糸端で巻く。

3.
2～3回巻いたらボンドで固定し糸を短く切る。

4.
ガクは中心部にボンドをつけてつぼみと接着する。その際、編み終わりの糸端をガクとつぼみの間に入れて貼りつける。

5.
ガクの編み始めの糸端をワイヤーに巻いたら、つぼみパーツの完成。

ブローチピンの下準備

1.
ブローチピンの長さに合わせて両面テープを切り、ピンの表側に貼る。

2.
テープのはみ出た部分をピンの裏側に折り込んで貼る。

3.
糸端をピンの裏側に貼る。

4.
ピンの端から糸を丁寧に巻いていく。

5.
3/4程度巻き終わったら、ピンのもう片方の端に糸を渡して巻く。

6.
巻き終わったら、裏側に少量のボンドをつけて糸端を固定する。

7.
ブローチピンの下準備が終わったところ。

枝・茎の処理
（枝・茎が1本の場合）

枝や茎を1本にまとめて
仕上げる方法を
「オリーブ」と「もも」で解説

1.
まず仮組をする。糸はざっくり巻いてOK。完成時のパーツの配置を考えながら組む。（仮組時はボンドを使用しない）

2.
実は、立ち上がりの位置を背面に向けて配置すると、仕上がりがより綺麗になる。

3.
仮組が終わったら、完成予定のサイズに合わせてワイヤーを折り曲げる。（本組の参考用にこの状態を撮影しておくとよい）

4.
仮組をほどいて本組をしていく。折り曲げておいたワイヤーの位置を合わせることで、仮組の時とほぼ同じ位置に組める。

5.
組んでいくとワイヤーの本数が増え太くなりすぎるので、適宜1〜2本ずつ切る。先に組んだパーツから順に切る。

6.
切る際は、ワイヤーを切る位置が揃わないようにする。そうすることで、後で糸を巻いた際に段差ができにくくなる。

7.
枝や茎を1本にして仕上げる作品の場合は、ワイヤーは最終的に12本程度にする。少なすぎると強度が落ちるので注意。

8.
本組終了後、ワイヤーを改めて完成位置で折り曲げる。（写真では横だが）この時背面側に折り曲げると仕上がりが綺麗。

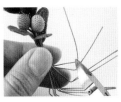

9.
糸は一旦切っておく。ワイヤーの半数（この場合12本の内6本）を折り曲げた付近で切る。

10.
切ったところ。折り曲げた位置からはみ出ないように若干短く切る。

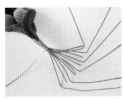

11.
ワイヤーの半数を切ったところ。

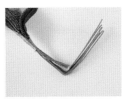

12.
ワイヤーを整える。切った部分が折り曲げた部分の内側にくるように配置する。

13.
折り曲げた部分に向かって糸を巻いていく。

14.
折り曲げた部分に糸を1度巻いたところ。このままだと半分に折り曲げた時に糸のすき間からワイヤーが見える可能性がある。

15.
そのため、先ほどと反対方向に巻き進め、折り曲げた部分に糸が2重に巻いてある状態にしておく。

16.
しっかりと折り曲げる。

17.
折り曲げた部分に糸を巻く。糸を巻く時は常にワイヤーに少量のボンドをつけて行う。

18.
折り曲げた先のワイヤーが長い場合は、作品下部のパーツ根本付近で切る。（この場合は葉）

19.
切る際は、ワイヤーを切る位置を揃えないようにする。端の位置がバラバラの方が後で糸を巻く際に段差ができにくい。

20.
糸は作品下部のパーツ根本まで巻く。

21.
根本まできたら、パーツの位置を一時的にずらし、パーツの根元の内側に糸を数回巻く。

22.
根本部分に少量のボンドをつけて糸を固定し、糸を短く切る。これで茎の処理は終了。次にブローチピンをつけていく。

※パーツ数が多い場合

23.
パーツが多い作品は先にグループごとに組んでから1つにまとめる。仮組中に先に組む必要のあるパーツを決めておく。

24.
仮組をほどき、本組をする。今回は、花パーツや実と葉の一部を予め先に組んでおいた。

25.
パーツが多い場合ワイヤーの本数もどんどん多くなるので、ワイヤーは適宜こまめに切っておく。

26.
花5つと花3つをそれぞれ組んだところ。

27.
もも実の内の1つと葉を組んだところ。

28.
後は、オリーブと同様に作品の上部（右側）から順に組んでいく。

29.
ワイヤーは最後12本程度にするので、パーツを組む度に調整しながら切る。先に組んだパーツのワイヤーから順に切る。

30.
1つ目の実をつけたところ。仮組を参考にしながら全体のバランスを考えてパーツを組んでいく。

31.
27で組んでおいた実と葉をつけたところ。今回は、垂れ下がるイメージで1つ目の実より位置が下に来るように組んだ。

32.
パーツを全てつけ終え、枝の処理をしたところ。ももの場合は、位置が丁度いいので、糸は切らずこのままピンをつけていく。

ブローチピンのつけ方（枝・茎が1本の場合）

オリーブで解説

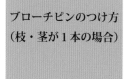

1.
ブローチピンをつける位置に凹凸がある場合は、ヤットコで挟んで平らにする。（優しい力で少しずつ行う）

2.
ブローチピンをつける位置の下側（写真では左側）に糸を数回巻きつける。

3.
ピンをつける位置の下半分程にボンドをたっぷりと塗る。糸端はボンドにくっつけて処理する。

4.
ピンを指でおさえながら糸を巻く。最初はおさえる場所が少なく不安定で巻きにくいが数回巻くと安定してくる。

5.
作品下部から上部へ向けて糸を巻く。（写真では左から右）少量のボンドをつけながら行う。

6.
途中でパーツが邪魔で巻きにくくなったら、一時的にパーツの位置を変えて巻く。

7.
ピンの1/2〜2/3程度まで糸を巻ければOK。

8.
ピンと組み立てたパーツの間に糸を通し短く切る。

9.
ピンと組み立てたパーツの間に糸端を押し込む。つまようじに少量のボンドをつけて糸端を固定する。

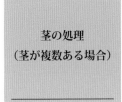

10.
糸処理が完了したところ。

11.
最後にパーツの位置を整えて完成。

茎の処理（茎が複数ある場合）

カモミールで解説

1.
まず仮組をする。糸はざっくり巻いてOK。完成時のパーツの配置を考えながら組む。（仮組時はボンドを使用しない）

2.
仮組が終わったら、完成予定のサイズに合わせてワイヤーを折り曲げる。（本組の参考用にこの状態を撮影しておくとよい）

3.
仮組をほどいて、隣り合っている花や葉を数本ずつグループ分けする。

4.
グループごとに組んでいく。折り曲げておいたワイヤーの位置を合わせることで、仮組の時とほぼ同じ位置に組める。

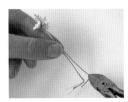

5.
糸を巻く時は常に少量のボンドをワイヤーにつけて行う。組み終わったら一度糸を切る。ワイヤーの半数を切る。

6.
この写真の場合4本中2本を切っている。折り曲げた付近で切る。（以降は枝・茎が1本の場合と同様に茎の処理をする。）

7.
切った部分が折り曲げた部分の内側にくるように配置する。ワイヤーを折り曲げた部分に向けて糸を巻いていく。

8.
折り曲げた部分にも丁寧に糸を巻く。一度巻いたところの上から再度巻き二重に巻いておく。

9.
ヤットコを使用してしっかりと折り曲げる。

10.
折り曲げた先のワイヤーも一緒に糸を巻く。

11.
下から上に向かって糸を巻いていく。

12.
パーツが組んである根本まで糸を巻いたら、パーツとパーツの間に糸を通し、少量のボンドで固定して糸を短く切る。

13.
これで茎の処理が完了。

14.
折り曲げた先のワイヤーが長い場合は切ってから、茎の処理をする。

15.
その際、パーツを組む際に巻いた糸の付近で切る。そうすることで、下から上まで茎がだいたい同じ太さに仕上がる。

16.
グループごとに組み終わったパーツ。茎に巻く糸の色は、カモミールの場合ガクや葉で使った色をランダムで使用している。

ピンのつけ方（茎が複数ある場合）

カモミールで解説

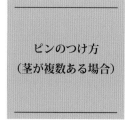

1.
茎の処理をした各パーツ同士を糸で巻いて組んでいく。この時も常に少量のボンドをつけながら糸を巻く。

2.
背の高いものから順に組む。徐々に背の低いパーツを足しながら作品下方向へ向けて糸を巻いていく。

3.
全てのパーツを巻き終わったところ。

4.
ブローチピンをつける位置に盛り上がりや凹凸がある場合は、ヤットコで挟んで平らにする。（優しい力で少しずつ行う）

5.
後は、ピンのつけ方（枝・茎が1本の場合）と同様の方法でピンをつける。

6.
最後はパーツの位置を整えて完成。

HOW TO MAKE
· FRUITS ·

P58
LEMON
レモン

P60
PEAR
洋なし

P76
OLIVE
オリーブ

P55
ORANGE
オレンジ

P66
PERSIMMON
柿

P48
PEACH
もも

P72
POMEGRANATE
ザクロ

P68
WILD GRAPES
山ぶどう

P51
STRAWBERRY
いちご

P63
BLUEBERRY
ブルーベリー

もも

材料： 絹糸（各色1つずつ）、ブローチピン、
　　　　5mmラウンドビーズ、綿、地巻ワイヤー

仕上がりサイズの目安： 長さ約6.0cm×幅約4.5cm

編み図名	（編み図名）		茎に巻く糸	パーツ名
	実 （桃色系）	実 （肌色系）		（必要数）
もも実	オ 93	都 6	都 143	A（1）
	都 32	オ 96		B（1）

編み図名	（編み図名）			ワイヤー芯 （小）	パーツ名
	花びら	花芯	ガク		（必要数）
もも花	タ 150	オ 171	オ 89	オ 89	C（4）
	タ 4	タ 48	都 83	都 83	D（4）

編み図名	パーツ名 （必要数）
もも葉	タ 81	a（2）
	都 28	b（2）
	都 151	c（2）

組み立て＆ブローチピンをつける時の糸	都 143

オ…オリヅル　タ…タイヤー　都…都羽根

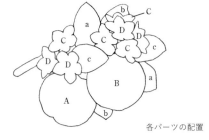

各パーツの配置

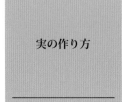

実の作り方

1.
編み終わりが近づいてきたら綿をつめる。桃は割れめをつくるので、底の方に綿をたっぷりつめる。

2.
さらに編み進め、編み口が狭くなってきた頃にビーズ芯を入れる。その上からさらに綿をつめる。

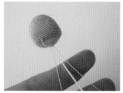

3.
実が編み終わったところ。ワイヤーが出ている穴から編み始めの糸端が出ている状態にする。

4.
編み始めの糸端に縫い針を通して、わの中心に針を入れる。

5.
ワイヤーが出ている穴から針を出す。実の中にビーズがあって針を出しにくいが、ビーズをよけて針を出す。

6.
糸を引いて割れめをつくる。強く引きすぎると糸が切れるので、様子を見ながら少しずつ行う。

7.
糸を引いたまま、ワイヤーとワイヤーの間に糸を通して緩まないようにし、ワイヤーに糸を巻きつけボンドで固定する。

8.
編み終わりの糸端もワイヤーに巻く。

9.
割れめが完成したところ。実を編んだ際の立ち上がりの位置と反対側に割れめを作ると仕上がりが綺麗。

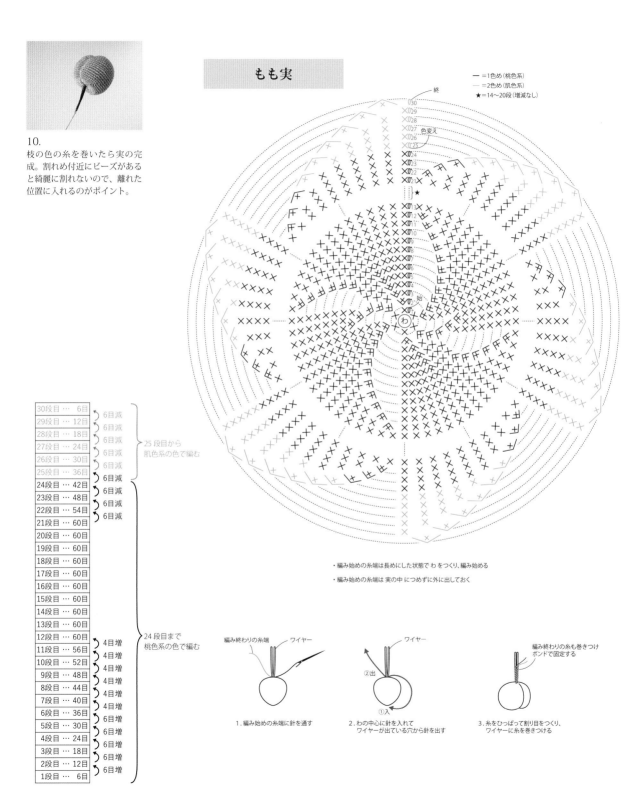

もも実

10.
枝の色の糸を巻いたら実の完成。割れめ付近にビーズがあると綺麗に割れないので、離れた位置に入れるのがポイント。

　＝1色め（桃色系）
　＝2色め（肌色系）
★＝14〜20段（増減なし）

30段目 …	6目	6目減	
29段目 …	12目	6目減	
28段目 …	18目	6目減	25段目から肌色系の色で編む
27段目 …	24目	6目減	
26段目 …	30目	6目減	
25段目 …	36目	6目減	
24段目 …	42目	6目減	
23段目 …	48目	6目減	
22段目 …	54目	6目減	
21段目 …	60目		
20段目 …	60目		
19段目 …	60目		
18段目 …	60目		
17段目 …	60目		
16段目 …	60目		
15段目 …	60目		24段目まで桃色系の色で編む
14段目 …	60目		
13段目 …	60目		
12段目 …	60目	4目増	
11段目 …	56目	4目増	
10段目 …	52目	4目増	
9段目 …	48目	4目増	
8段目 …	44目	4目増	
7段目 …	40目	4目増	
6段目 …	36目	6目増	
5段目 …	30目	6目増	
4段目 …	24目	6目増	
3段目 …	18目	6目増	
2段目 …	12目	6目増	
1段目 …	6目		

・編み始めの糸端は長めにした状態で わ をつくり、編み始める
・編み始めの糸端は 実の中 につめずに外に出しておく

1. 編み始めの糸端に針を通す

2. わの中心に針を入れてワイヤーが出ている穴から針を出す

3. 糸をひっぱって割り目をつくり、ワイヤーに糸を巻きつける

049

| ブローチの
組み立て方 |  |  |  |  |

1.
パーツを組み立ててブローチピ
ンをつける。→詳しい組み立て
方は P44 参照

2.
ピンをつけたところ。

3.
裏側から見たところ。

4.
上側から見たところ。

もも花（花びら）	⇒	編み図 P31
もも花（花芯）	⇒	編み図 P33
もも花（ガク）	⇒	編み図 P31
もも葉	⇒	編み図 P37

いちご

材料： 絹糸（各色1つずつ）、ブローチピン、
　　　　5㎜ラウンドビーズ、綿、地巻ワイヤー

仕上がりサイズの目安： 長さ約5.5cm×幅約4.5cm

この作品に使用した絹糸のメーカー名と色番号表

編み図名	（編み図名）		パーツ名（必要数）
	実	ヘタ	
いちご実	タ 88	タ 83	A（2）
	タ 155	都 152	B（2）
	都 34	オ 155	C（2）

編み図名	（編み図名）			ワイヤー芯（大）	パーツ名（必要数）
	花びら	花芯	ガク		
いちご花	タ 白	都 5	オ 111	タ 白	D（1）
	オ 14	オ 18	都 124	オ 14	E（1）
	オ 13	都 176	タ 96	オ 13	F（1）

編み図名	パーツ名（必要数）
いちご葉	
タ 83	a（3）
都 152	b（3）
オ 155	c（3）

組み立て＆ブローチピンをつける時の糸	タ 83

オ…オリヅル　タ…タイヤー　都…都羽根

各パーツの配置

葉の編み方

1.
ワイヤーに作り目（9目）を編み、葉1段目の半分まで編んだところ。

2.
葉のもう片方も編み、一段目が編み終わったところ。

3.
鎖を1目編んだら、前段最初に編んだ細編みの頭目に引き抜き編みをして2段目を編み始める。

4.
1つの目に中長編み＋長編みを編んでから、つづけて鎖2目まで進めたところ。

5.
次の目に引き抜き編みをする。葉のもこもこした部分が1つ完成。

6.
同様の方法を繰り返し2段目の片側が編めたところ。

7.
先端は1つの目に中長編み＋長編み＋中長編みを編み入れる。

8.
次の目に引き抜き編み＋鎖2目を編む。

9.
さらに次の目に長編み＋中長編みを編む。これを繰り返して最後まで編む。

10.
２段目が編み終わったら、この段で最初に編んだ引き抜き編みの目に針を入れて編み終える。

11.
水通し後、糸端を処理したらいちご葉の完成。

12.
葉は３つの葉を１つに組んでおく。

いちご葉

つくり目（9目）

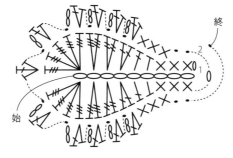

終

始

いちご花（花びら）

いちご花（花芯）

 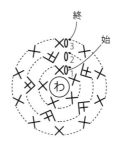

始　終

終　始

いちご実（ヘタ）	⇒ 編み図 P32
いちご花（ガク）	⇒ 編み図 P31 ※もも花（ガク）と共通

いちご実

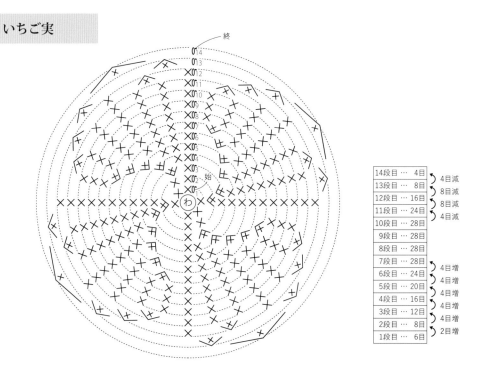

14段目 … 4目	4目減
13段目 … 8目	8目減
12段目 … 16目	8目減
11段目 … 24目	4目減
10段目 … 28目	
9段目 … 28目	
8段目 … 28目	
7段目 … 28目	4目増
6段目 … 24目	4目増
5段目 … 20目	4目増
4段目 … 16目	4目増
3段目 … 12目	4目増
2段目 … 8目	2目増
1段目 … 6目	

実の組み立て方

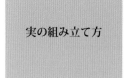

1.
ヘタの編み始めの糸端は、わか
ら表側に出しておく。

2.
実のワイヤーにヘタを通す。

3.
ヘタの編み始めの糸端を引いて
わを引き締める。

4.
編み始めの糸端をワイヤーに巻
く。

5.
ヘタの内側中心部にボンドをつ
け実と接着する。編み終わりの
糸端はヘタと実の間に貼りつけ
て糸を短く切る。

6.
いちご実完成。

花の組み立て方

1.
花びらパーツにワイヤー芯を通し、編み始めの糸端を巻いて固定する。

2.
花びらパーツにワイヤー芯を通して組み終わったところ。

3.
花芯は裏面を表にするため、わに針を入れて編み始めの糸端を表に出しておく。

4.
実の表側をへこませて、中にボンドをつける。編み始めの糸端も短く切り中に貼りつける。

5.
爪楊枝のとがっていない方で花芯の形を整える。

6.
花芯の編み終わりの糸端に針を通して花に縫いつける。→P81 カモミール「花の組み立て方」参照

7.
縫いつけ終わったら糸端はボンドで固定する。

8.
ガクを通して組み立てる。

9.
ガクのとがった部分が花びらの谷間にくるようにすると仕上がりが綺麗。

10.
花パーツの完成。

ブローチの組み立て方

1.
いちごは垂れ下がるイメージで茎部分を長めにして、実の先端が下に向くように組むのがおススメ。

2.
ワイヤーは最終的に12本程度になるように調整しながら適宜切っておく。先に組んだパーツのワイヤーから順に切る。

3.
今回は葉の陰に少し実が隠れるように組んでいる。

4.
ブローチピンをつける。

5.
ピンをつけたところ。

6.
裏側から見たところ。

7.
上側から見たところ。

オレンジ

材料： 絹糸（各色1つずつ）、ブローチピン、
　　　 5mmラウンドビーズ、綿、地巻ワイヤー
仕上がりサイズの目安： 長さ約6.0cm×幅約3.5cm

この作品に使用した絹糸のメーカー名と色番号表

| 編み図名 | （編み図名） | | パーツ名 |
	実	茎に巻く糸	（必要数）
オレンジ実	タ 160	タ 31	A（1）
	都 149		B（1）

| 編み図名 | （編み図名） | | | | パーツ名 |
	花びらつぼみ	花芯	ガク	ワイヤー芯	（必要数）
オレンジ花	タ 白	タ 白	都 9	（小）オ 17	C（4）
オレンジつぼみ				（大）タ 白	c（2）
オレンジ花	オ 14	オ 14	都 118	（小）都 16	D（4）
オレンジつぼみ				（大）オ 14	d（2）

編み図名		パーツ名（必要数）
オレンジ葉	タ 127	e（2）
	オ 113	f（2）
	タ 31	g（2）

組み立て＆ブローチピンをつける時の糸	タ 31

オ…オリヅル　タ…タイヤー　都…都羽根

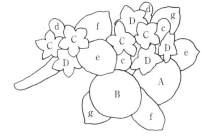

各パーツの配置

花の組み立て方

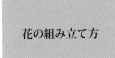

1.
花芯パーツにワイヤー芯を通す。

2.
先ほど組んだパーツに花びらパーツを通す。

3.
先ほど組んだパーツにガクを通し茎部分に編み始めの糸端を巻く。ガクと花びらは接着する

4.
完成した花パーツ。

5.
つぼみはワイヤー芯を編みくるんでガクをつける。→P42「つぼみの組み立て」参照。

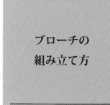

1.
実はビーズ芯と綿を入れて編み、枝の部分に糸を巻く。

2.
仮組を参考に一部のパーツを先に組んでおく。花とつぼみは色はランダムに「花3＆蕾1」「花5＆蕾3」に組んでいる。

3.
作品の右側から組み立て始める。

4.
ワイヤーは最終的に12本程度になるように調整しながら適宜切っておく。先に組んだパーツのワイヤーから順に切る。

5.
先に組んでおいた実と葉のパーツをつけたところ。今回は、最初につけた実より位置が下にくるように組んでいる。

6.
パーツを全て組み終えたら枝の処理をしてブローチピンをつける。

7.
ピンをつけたところ。

8.
裏側から見たところ。

9.
上側から見たところ。

オレンジ実

★＝10～14段（増減なし）

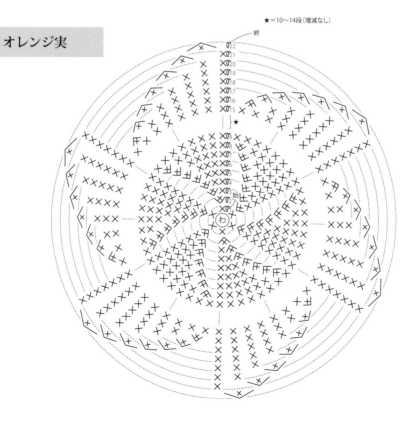

22段目 … 6目	6目減
21段目 … 12目	6目減
20段目 … 18目	6目減
19段目 … 24目	6目減
18段目 … 30目	6目減
17段目 … 36目	6目減
16段目 … 42目	6目減
15段目 … 48目	6目減
14段目 … 48目	
13段目 … 48目	
12段目 … 48目	
11段目 … 48目	
10段目 … 48目	
9段目 … 48目	
8段目 … 48目	6目増
7段目 … 42目	6目増
6段目 … 36目	6目増
5段目 … 30目	6目増
4段目 … 24目	6目増
3段目 … 18目	6目増
2段目 … 12目	6目増
1段目 … 6目	6目増

オレンジ花（花びら）　※レモン花（花びら）と共通

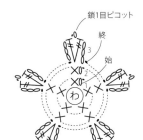

鎖1目ピコット
終
3
始

オレンジ花（花芯）　※レモン花（花芯）と共通

始
終

オレンジつぼみ　　※レモンつぼみと共通

ワイヤー芯（大）を編みくるむ

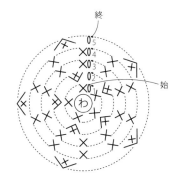

終
始

5段目 … 5目	⎫ 5目減
4段目 … 10目	
3段目 … 10目	
2段目 … 10目	⎫ 5目増
1段目 … 5目	

オレンジ花（ガク）
オレンジつぼみ（ガク）
※レモン花（ガク）
レモンつぼみ（ガク）と共通

終
始

オレンジ葉　　※レモン葉と共通

つくり目（15目）

束に拾う

鎖1目ピコット

終

始

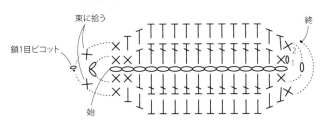

レモン

材料： 絹糸（各色1つずつ）、ブローチピン、
　　　　5mmラウンドビーズ、綿、地巻ワイヤー

仕上がりサイズの目安： 長さ約6.0cm×幅約4.0cm

この作品に使用した絹糸のメーカー名と色番号表

編み図名	実	茎に巻く糸	パーツ名（必要数）
レモン実	タ 145	都 152	A（1）
	都 16		B（1）

編み図名	花びらつぼみ	花芯	ガク	ワイヤー芯	パーツ名（必要数）
レモン花	タ 白	タ 白	都 77	（小）オ 17	C（4）
レモンつぼみ	タ 白			（大）タ 白	c（2）
レモン花	都 1	都 1	都 167	（小）オ 19	D（4）
レモンつぼみ	都 1			（大）都 1	d（2）

編み図名	パーツ名（必要数）
レモン葉	都 118　e（2）
	都 124　f（2）
	都 152　g（2）

組み立て＆ブローチピンをつける時の糸	都 152

オ…オリヅル　タ…タイヤー　都…都羽根

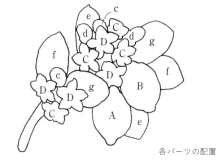

各パーツの配置

花の作り方

1.
完成した花パーツ。レモンの花・つぼみ・葉はオレンジと編み図も組み立て方も共通。→P55「オレンジ」参照

2.
完成したつぼみパーツ。→P42「つぼみの組み立て」参照

ブローチの組み立て方

1.
実はビーズ芯と綿を入れて編み、枝の部分に糸を巻く。

2.
仮組を参考に一部のパーツを先に組んでおく。花とつぼみは色はランダムに「花5＆蕾3」「花3＆蕾1」に組んでいる。

3.
作品の右側から組み立て始める。

4.
先に組んでおいた実と葉のパーツをつけたところ。今回は、最初につけた実より位置が下にくるように組んでいる。

5.
ワイヤーは最終的に 12 本程度になるように調整しながら適宜切っておく。先に組んだパーツのワイヤーから順に切る。

6.
パーツを全て組み終えたら枝の処理をしてブローチピンをつける。

7.
ピンをつけたところ。

8.
裏側から見たところ。

9.
上側から見たところ。

レモン実

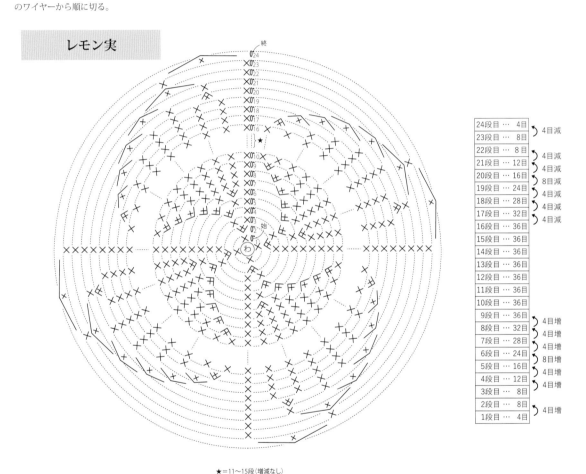

24段目 … 4目	}	4目減
23段目 … 8目		
22段目 … 8目	}	4目減
21段目 … 12目	}	4目減
20段目 … 16目	}	8目減
19段目 … 24目	}	4目減
18段目 … 28目	}	4目減
17段目 … 32目	}	4目減
16段目 … 36目		
15段目 … 36目		
14段目 … 36目		
13段目 … 36目		
12段目 … 36目		
11段目 … 36目		
10段目 … 36目		
9段目 … 36目	}	4目増
8段目 … 32目	}	4目増
7段目 … 28目	}	4目増
6段目 … 24目	}	8目増
5段目 … 16目	}	4目増
4段目 … 12目	}	4目増
3段目 … 8目	}	4目増
2段目 … 8目	}	4目増
1段目 … 4目		

★＝11〜15段（増減なし）

⇒ 編み図 P57

レモン花（花びら）	※オレンジ花（花びら）と共通
レモン花（花芯）	※オレンジ花（花芯）と共通
レモンつぼみ	※オレンジつぼみと共通

レモン花（ガク）	※オレンジ花（ガク）
レモンつぼみ（ガク）	オレンジつぼみ（ガク）と共通
レモン葉	※オレンジ葉と共通

洋なし

材料： 絹糸（各色1つずつ）、ブローチピン、
　　　　5mmラウンドビーズ、綿、地巻ワイヤー
仕上がりサイズの目安： 長さ約6.0cm×幅約4.5cm

この作品に使用した絹糸のメーカー名と色番号表

編み図名	（編み図名）実	茎に巻く糸	パーツ名（必要数）
洋なし実	タ 95	都 114	A（1）
	オ 161		B（1）

編み図名	（編み図名）花びら	花芯	ガク	ワイヤー芯（小）	パーツ名（必要数）
洋なし花	タ 白	都 96	都 218	都 79	C（4）
	都 生成	オ 93	タ 74	タ 63	D（4）

編み図名		パーツ名（必要数）
洋なし葉	タ 31	a（2）
	都 112	b（2）
	オ 113	c（2）

組み立て＆ブローチピンをつける時の糸	都 114

オ…オリヅル　タ…タイヤー　都…都羽根

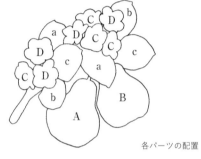

各パーツの配置

実と花の作り方

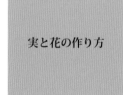

1.
実を途中まで編んだら綿とビーズ芯を入れる。編み始めの糸端は出したままにしておく。

2.
実が編み終わった状態。

3.
編み始めの糸端を引いて、底の部分をへこませる。強く引きすぎると糸が切れるので少しずつ様子を見ながら行う。

4.
底がへこんだところ。ビーズ芯を底付近に入れてしまうとへこみにくいので、底から離れた位置に入れるのがポイント。

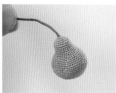

5.
編み始めの糸端を引いたまま、一旦ワイヤーとワイヤーの間に糸を通し、糸が緩まないようにしてワイヤーに巻く。

6.
編み終わりの糸端もワイヤーに巻く。その上から枝の色の糸を巻いたら実の完成。

7.
洋なし花は「もも花」と同様の方法で花芯、花びら、ガクをつけて組み立てる。→P41「花の組み立て」参照

洋なし実

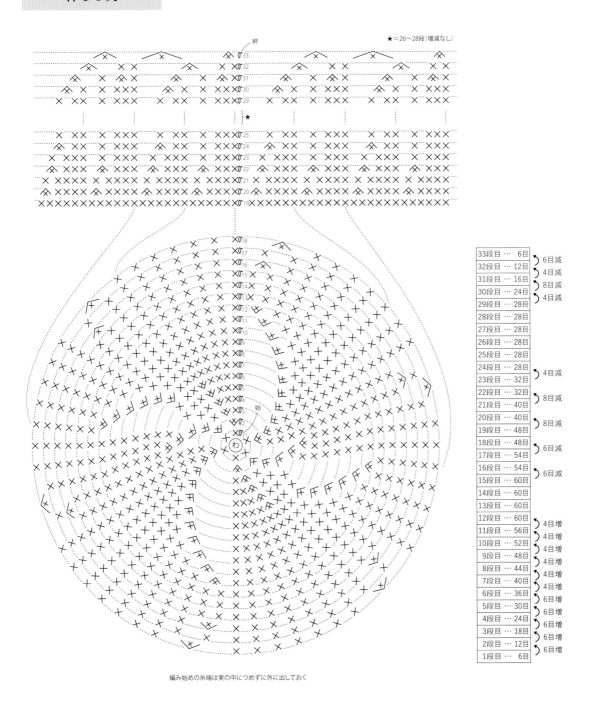

★＝26～28段(増減なし)

33段目 … 6目		6目減
32段目 … 12目		4目減
31段目 … 16目		8目減
30段目 … 24目		4目減
29段目 … 28目		
28段目 … 28目		
27段目 … 28目		
26段目 … 28目		
25段目 … 28目		
24段目 … 28目		4目減
23段目 … 32目		8目減
22段目 … 32目		
21段目 … 40目		8目減
20段目 … 40目		
19段目 … 48目		6目減
18段目 … 48目		
17段目 … 54目		6目減
16段目 … 54目		
15段目 … 60目		
14段目 … 60目		
13段目 … 60目		
12段目 … 60目		4目増
11段目 … 56目		4目増
10段目 … 52目		4目増
9段目 … 48目		4目増
8段目 … 44目		4目増
7段目 … 40目		4目増
6段目 … 36目		6目増
5段目 … 30目		6目増
4段目 … 24目		6目増
3段目 … 18目		6目増
2段目 … 12目		6目増
1段目 … 6目		

編み始めの糸端は実の中につめずに外に出しておく

<table>
<tr><td rowspan="2">

ブローチの
組み立て方

</td><td></td><td></td><td></td><td></td></tr>
</table>

1.
仮組を参考に花のパーツを先に組んでおく。今回は、花5つと花3つをそれぞれ組んでいる。

2.
作品の右側から組み立て始める。

3.
先に組んでおいた花5つと実2つを組んだところ。今回、実は垂れ下がるイメージで枝部分を長めにして組んでいる。

4.
さらに葉と花3つを組んだところ。

5.
ワイヤーは最終的に12本程度になるように調整しながら適宜切っておく。先に組んだパーツのワイヤーから順に切る。

6.
パーツを全て組み終えたら枝の処理をしてブローチピンをつける。

7.
ピンをつけたところ。

8.
裏側から見たところ。

9.
上側から見たところ。

洋なし花（花びら）

洋なし葉

つくり目（15目）

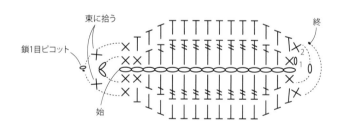

束に拾う

鎖1目ピコット

始

終

洋なし花（花芯）	⇒ 編み図 P33 ※もも花（花芯）と共通
洋なし花（ガク）	⇒ 編み図 P31 ※もも花（ガク）と共通

ブルーベリー

材料： 絹糸（各色1つずつ）、ブローチピン、
3mmラウンドビーズ、地巻ワイヤー
仕上がりサイズの目安： 長さ約7.0cm×幅約4.5cm

この作品に使用した絹糸のメーカー名と色番号表

編み図名	（編み図名）		パーツ名
	実	茎に巻く糸	（必要数）
ブルーベリー実	タ 78	都 118	A（2）
	タ 53		B（2）
	オ 107		C（2）
	都 44		D（2）
	都 57		E（2）
	都 58		F（2）

編み図名		パーツ名（必要数）
ブルーベリー葉	オ 157	a（2）
	タ 83	b（2）
	都 152	c（2）
	都 112	d（2）
組み立て＆ブローチピンをつける時の糸		都 118

オ…オリヅル　タ…タイヤー　都…都羽根

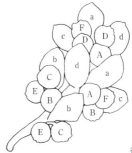

各パーツの配置

実の編み方

※本書ではブルーベリー実の
突起部分は「ガク」と表記
しています。

1.
4段目の鎖2目（内1目は立ち
上がりの鎖）まで編んだところ。
（解説のため3段目はピンク、
4段目以降は赤の糸で編む）

2.
先ほどの鎖編みに引き抜き編み
をする。次の目（手前の半目）
に針を入れ、引き抜き編みをし
たらガクの1つ目が完成。

3.
4段目（手前の半目）にガクを
5つ編んだところ。

4.
次は向こう側の半目に針を入れ
る。この目に、引き抜き編み＋
鎖1目（立ち上がり）＋細編み
2目編み入れる。

5.
4段目（向こう側の半目）を編
み終わったところ。前段から
10目増えている。この後は普
段通り頭目を拾って最後まで編
む。

6.
途中まで編んだら中に共糸をつ
める。ブルーベリーは実が小さ
いので綿よりも糸の方がつめや
すい。

7.
共糸は実と同じ色の糸を適当な
長さに切り丸めたものを使う。
実の中につめながら糸の量は調
節する。

8.
最後にガクの内側をへこませる
ので、ビーズ芯はガクから遠い
位置に入れる。編み始めの糸端
は出したままにしておく。

9.
ビーズ芯を入れたら最後まで編
む。

10.
編み終わったところ。ガクの内側が飛び出している状態。

11.
出しておいた編み始めの糸端を引いて、ガクの内側をへこませる。糸が切れないように少しずつ引く。

12.
編み始めの糸端を引いたまま、一旦ワイヤーとワイヤーの間に糸を通し、ワイヤーに巻く。編み終わりの糸端も巻く。

13.
ガクの内側に水を数滴垂らして濡らし、爪楊枝の尖っていない方でガクの内側をしっかりとへこませる。

14.
濡れている時にピンセットで形を整える。実全体を濡らし過ぎるとボンドがとれる可能性があるので、ガク部分だけ濡らす。

15.
枝の部分に糸を巻いて完成。

16.
左からブルーベリー実 A、B、C、D、E、F。

ブローチの
組み立て方

1.
仮組を参考にして実と葉をグループごとに組む。適宜ワイヤーを切っておく。最終的には12本程度になるように調整する。

2.
グループごとに組み終わったパーツ。

3.
組んでおいたパーツ同士を合わせて組み立てていく。

4.
パーツを全て組み終えたら枝の処理をしてブローチピンをつける。

5.
ピンをつけたところ。

6.
裏側から見たところ。

7.
上側から見たところ。

ブルーベリー実

編み始めの糸端は実の中に
つめずに外に出しておく

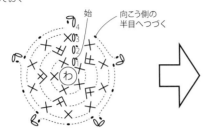

4段目はまず手前の半目を拾う

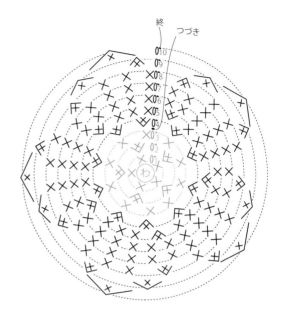

4段目のつづきは向こう側の半目を拾う
5段目以降は頭目を拾う

10段目 … 5目			5目減
9段目 … 10目			10目減
8段目 … 20目			5目減
7段目 … 25目			
6段目 … 25目			
5段目 … 25目			5目増
4段目 … 20目			10目増（向こう側の半目を拾う）
4段目 …			ガクを編む（手前側の半目を拾う）
3段目 … 10目			
2段目 … 10目			5目増
1段目 … 5目			

ブルーベリー葉

つくり目（18目）

束に拾う

鎖1目ピコット

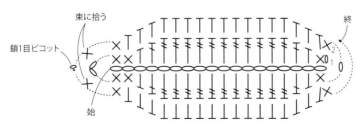

柿

材料：　絹糸（各色１つずつ）、ブローチピン、
　　　　５mmラウンドビーズ、綿、地巻ワイヤー
仕上がりサイズの目安：　長さ約6.0cm×幅約3.5cm

この作品に使用した絹糸のメーカー名と色番号表

編み図名	実	ヘタ	パーツ名（必要数）
柿実	オ 99	都 114	A（1）
	都 144	オ 157	B（1）
	タ 62	都 107	C（1）

編み図名		パーツ名（必要数）
柿葉	オ 155	a（2）
	都 69	b（2）
	タ 31	c（2）

組み立て＆ブローチピンをつける時の糸	都 66

オ…オリヅル　タ…タイヤー　都…都羽根

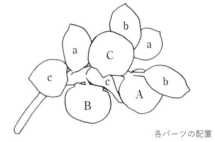

各パーツの配置

実の作り方

1.
編み始めの糸端は実の中に入れる。綿を入れた後ビーズ芯を入れ、さらに綿をつめる。

2.
柿の形らしくなるよう、実の四隅にもしっかりと綿をつめ形を整える。

3.
編み終わったら糸処理をしヘタをつける。ヘタは、わから編み始めの糸端を表に出しワイヤーに巻く。実とヘタは接着する。

4.
完成した実。

ブローチの組み立て方

1.
仮組を参考に一部のパーツを先に組んでおく。

2.
作品の右側から組み立て始める。

3.
先ほど組んだ葉に１つ目の実をつける。

4.
予め組んでおいたパーツをつける。この実は、より柿らしく見せるためにヘタが正面を向くようにつけている。

5.
パーツを全て組み終えたら枝の処理をしてブローチピンをつける。

6.
ピンをつけたところ。

7.
裏側から見たところ。

8.
上側から見たところ。

柿実

★＝10〜14段（増減なし）

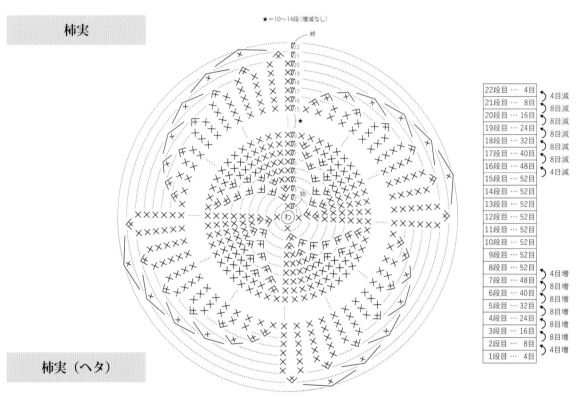

22段目 …	4目	4目減
21段目 …	8目	8目減
20段目 …	16目	8目減
19段目 …	24目	8目減
18段目 …	32目	8目減
17段目 …	40目	8目減
16段目 …	48目	8目減
15段目 …	52目	4目減
14段目 …	52目	
13段目 …	52目	
12段目 …	52目	
11段目 …	52目	
10段目 …	52目	
9段目 …	52目	
8段目 …	52目	4目増
7段目 …	48目	8目増
6段目 …	40目	8目増
5段目 …	32目	8目増
4段目 …	24目	8目増
3段目 …	16目	8目増
2段目 …	8目	4目増
1段目 …	4目	

柿実（ヘタ）

鎖1目ピコット
終
始

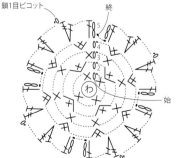

編み終わったら、編み始めの糸端をわの中心から表側に出す

柿葉

つくり目（15目）

束に拾う
鎖1目ピコット
始
終

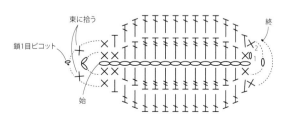

山ぶどう

材料： 絹糸（各色1つずつ）、ブローチピン、
　　　　4mmラウンドビーズ、地巻ワイヤー
仕上がりサイズの目安： 長さ約6.0cm×幅約4.5cm

この作品に使用した絹糸のメーカー名と色番号表

編み図名	（編み図名）		パーツ名
	実	茎に巻く糸	（必要数）
山ぶどう実	オ　818		A　（6）
	都　206		B　（6）
	都　49	タ　33	C　（6）
	オ　150		D　（6）
	都　150		E　（6）

編み図名	パーツ名（必要数）
山ぶどう葉	タ　33　　a　（1）
	都　114　　b　（1）
	都　115　　c　（1）

組み立て＆ブローチピンをつける時の糸	タ　33

オ…オリヅル　タ…タイヤー　都…都羽根

山ぶどう実　組み立て順

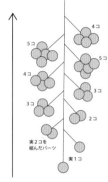

5コ　　4コ
4コ　　5コ
3コ　　3コ
3コ　　2コ
実2コを
組んだパーツ　　実1コ

下から上に向かって
組んでいく

各パーツの配置

b　　c
a　　A〜E
ランダム

葉の編み方

1.
ワイヤーに作り目（15目）を
編み、1段目が編み終わったと
ころ。

2.
2段目の先端まで編んだら前段
の鎖を束に拾い、細編み＋鎖3
目＋細編みを編む。

3.
2段目が編み終わったところ。

4.
鎖1目を編み、前段の鎖編みの
目に針を入れて細編みを編む。

5.
さらに鎖1目を編み、2段目最
初に編んだ細編みの目に引き抜
き編み＋鎖2目（立ち上がり）を
編んだところ。ここから3段目。

6.
途中、鎖1目ピコットを入れな
がら編み進める。

7.
1つの目に長編み4目（鎖1目
ピコット2つ）を編み、つづけ
て鎖2目を編んだところ。

8.
先ほどと同じ目に引き抜き編み
をしたところ。その次の目にも
引き抜き編みをする。

9.
前段の目を1つずつ拾いなが
ら、細編み6目（鎖1目ピコッ
ト3つ）を編んだところ。これ
で3段目の片側が編み終わった
状態。

10.
前段の鎖を束に拾い、中長編み＋鎖1目ピコット＋中長編みを編んだところ。葉の先端完成。

11.
3段目の残り半分も編んだら、4で編んだ細編みの目に引き抜き編みをして糸を切る。

12.
水通し後糸処理をする。ワイヤーが見えないように、編み始めの糸端を根本から巻く。

13.
編み終わりの糸端も巻いて山ぶどう葉の完成。

山ぶどう葉　つくり目(15目)

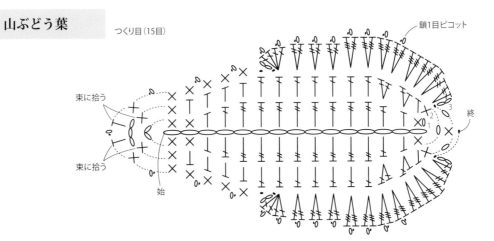

鎖1目ピコット
束に拾う
束に拾う
始
終

山ぶどう実

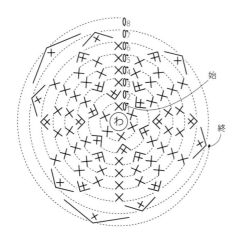

始
終

8段目 … 4目	}	2目減
7段目 … 6目	}	6目減
6段目 … 12目	}	6目減
5段目 … 18目		
4段目 … 18目		
3段目 … 18目	}	6目増
2段目 … 12目	}	6目増
1段目 … 6目		

実の作り方

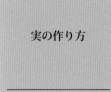

1.
山ぶどう実はビーズ芯（4㎜）を編みくるむ。芯のサイズが丁度いいので、綿や共糸は入れなくてよい。

2.
茎の部分に糸を巻いたところ。

3.
完成した実のパーツ。左から山ぶどう実A、B、C、D、E。

ブローチの組み立て方

1.
実は2〜5個ずつそれぞれ組んでおく。今回、色はランダムに選んでいる。

2.
組む際は、パーツ数が多いので適宜ワイヤーを切り本数を減らしておく。

3.
全て組んだところ。実5個束ねたものが2組、4個が2組、3個が2組、2個が2組、組んでいない実が2つ。

4.
この段階で仮組をして全体のバランスと組む順番を考えておく。

5.
仮組をほどき本組をする。まず、組まずにおいた実2つを組む。

6.
先に組んでおいた実2つを加えたところ。作品下部は実の数を少なくなし、上部にいくにつれ増やす。

7.
パーツの数が多いのでワイヤーはこまめに切る。山ぶどうの場合、最終的に10本程度になるように調整しながら切る。

8.
実を全て組み終わったところ。（今回は、P68「組み立て順」の図の通りに組んでいる）

9.
1枚目の葉をつける。今回は、葉の茎部分を長めにして、作品の真ん中あたりに1枚目の葉がくるように組んでいる。

10.
2枚目の葉を先ほどより上の位置につける。

11.
3枚目の葉を先ほどよりさらに上の位置につける。

12.
この時点でワイヤーを10本程度にしておく。ここからブローチピンをつける部分の枝を作っていく。

13.
写真のようにワイヤーを曲げる。右側（3枚目の葉の裏に隠れる部分）が少し長くなるように曲げている。

14.
ブローチピンと同じくらいの長さになるように調整して折り曲げる。

15.
糸を巻いていく。折り曲げる部分はワイヤーが見えやすくなるので、糸をしっかりと巻いておく。

16.
ヤットコで折り曲げる。

17.
折り曲げた先のワイヤーも一緒に糸で巻く。

18.
中ほどまでできたら、葉をよけてさらにその先にも糸を巻く。

19.
もう片方の折り曲げてある付近まで糸を巻いたところ。

20.
ワイヤーの半数（５本）を切る。切った部分が折り曲げたワイヤーの内側にくるように配置する。

21.
切った部分も含め、折り曲げる部分にしっかりと糸を巻く。

22.
ヤットコでしっかりと折り曲げる。

23.
葉のつけ根付近で、折り曲げた先のワイヤーを切る。切る位置はそろえない方が糸を巻いた時に段差ができにくい。

24.
切った部分に糸を巻く。

25.
葉のつけ根まで糸を巻き終わったら、糸を短く切って糸端をボンドで固定しておく。

26.
ブローチピンをつけていく。枝にボンドをたっぷりとつけて、その上にピンを置き糸で巻く。

27.
葉のつけ根までできたら葉をよけてさらに巻く。糸を巻く時は常に少量のボンドをつけながら行う。

28.
端まで巻き終わったところ。山ぶどうの場合はピンの端から端まで糸を巻く。

29.
最後はピンと枝の間に糸を通し糸を短く切ってからボンドで固定する。

30.
ピンをつけたところ。

31.
裏側から見たところ。

32.
上側から見たところ。

ザクロ

材料： 絹糸（各色1つずつ）、ブローチピン、
　　　　5mmラウンドビーズ、綿、地巻ワイヤー

仕上がりサイズの目安： 長さ約6.0cm×幅約5.0cm

この作品に使用した絹糸のメーカー名と色番号表

編み図名	（編み図名）		パーツ名
	実	茎に巻く糸	（必要数）
ザクロ実	都 34	都 69	A（1）
	都 202		B（1）

編み図名	（編み図名）				パーツ名
	花びら	花芯	ガク	ワイヤー芯（中）	（必要数）
ザクロ花	都 赤	オ 78	タ 62	オ 78	C（2）
	オ 5	都 65	都 86	都 65	D（2）

編み図名		パーツ名（必要数）
ザクロ葉	タ 56	a（3）
	都 29	b（3）
	都 30	c（3）

組み立て＆ブローチピンをつける時の糸	都 69

オ…オリヅル　タ…タイヤー　都…都羽根

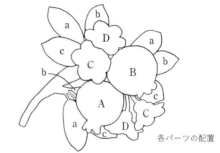

各パーツの配置

実の編み方

※本書ではザクロ実の突起部分は「ガク」と表記しています

1.
4段目まで編んだところ。

2.
5段目はまず手前の半目を拾う。ガクを1枚編んだところ。解説のため5段目（手前の半目）は赤い糸で編んでいる。

3.
ガクを6枚編んだところ。

4.
次に向こう側の半目を拾って編む。

5.
向こう側の半目に立ち上がりの鎖1目と細編みを編んだところ。5段目（向こう側の半目）はピンクの糸で編んでいる。

6.
5段目（向こう側の半目）が一周編み終わったところ。（増減なし）

7.
6段目が編み終わったところ。6段目以降は普段通り前段の頭目を拾って編む。（増減なし）

8.
7段目は増やし目をしながら一周編む。最初に編んだ部分（黄緑）がへこんだ形になる。以降は通常通り実の続きを編む。

9.
実を途中まで編んだら綿をつめる。編み始めの糸端は出したままにしておく。

ザクロ実

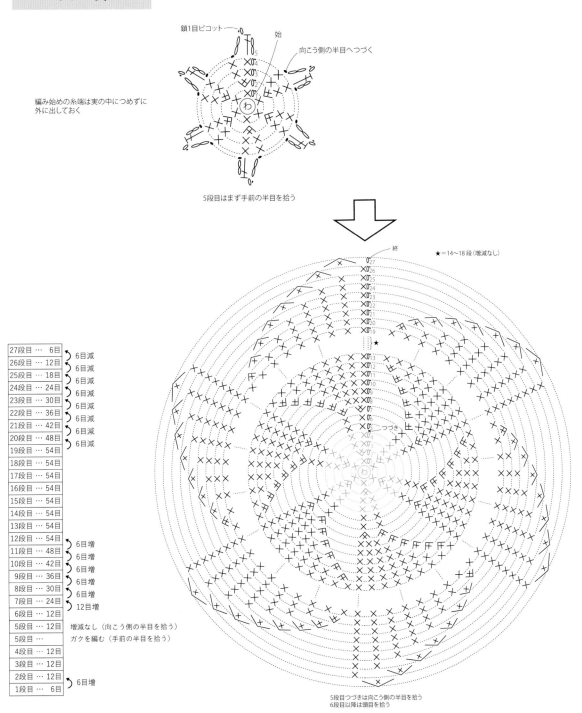

鎖1目ピコット

始

向こう側の半目へつづく

編み始めの糸端は実の中につめずに
外に出しておく

5段目はまず手前の半目を拾う

終

★＝14〜18段（増減なし）

つづき

27段目 … 6目	}	6目減
26段目 … 12目	}	6目減
25段目 … 18目	}	6目減
24段目 … 24目	}	6目減
23段目 … 30目	}	6目減
22段目 … 36目	}	6目減
21段目 … 42目	}	6目減
20段目 … 48目	}	6目減
19段目 … 54目		
18段目 … 54目		
17段目 … 54目		
16段目 … 54目		
15段目 … 54目		
14段目 … 54目		
13段目 … 54目		
12段目 … 54目	}	6目増
11段目 … 48目	}	6目増
10段目 … 42目	}	6目増
9段目 … 36目	}	6目増
8段目 … 30目	}	6目増
7段目 … 24目	}	12目増
6段目 … 12目		
5段目 … 12目	増減なし（向こう側の半目を拾う）	
5段目 …	ガクを編む（手前の半目を拾う）	
4段目 … 12目		
3段目 … 12目		
2段目 … 12目	}	6目増
1段目 … 6目		

5段目つづきは向こう側の半目を拾う
6段目以降は頭目を拾う

10.
ビーズ芯を入れ、再び綿をつめる。

11.
編み終わったら、ガクの内側を押してへこませ、編み始めの糸端を引きながらワイヤーに巻きつける。

12.
編み終わりの糸端もワイヤーに巻いたところ。

13.
ガクの部分に水を数滴垂らして濡らし、ピンセットで形を整える。

14.
枝の部分に糸を巻いたら実の完成。

花の組み立て方

1.
花芯パーツにワイヤー芯を通す。

2.
先ほど組んだパーツに花びらパーツを通す。

3.
先ほど組んだパーツにガクを通す。

4.
表から見たところ。

5.
枝部分に糸を巻いたら、花パーツの完成。

ブローチの組み立て方

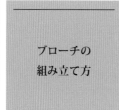

1.
仮組を参考に花パーツは2つずつ先に組んでおく。葉は3枚1組にして組んでおく。

2.
作品の右側から組み立て始める。葉と実を組んだところ。

3.
先に組んでおいた花2つを組んだところ。今回下部に配置した花は、垂れ下がるイメージで枝部分を長めにして組んでいる。

4.
パーツを全て組み終えたら枝の処理をしてブローチピンをつける。

5.
ピンをつけたところ。

6.
裏側から見たところ。

7.
上側から見たところ。

ザクロ花（花びら）

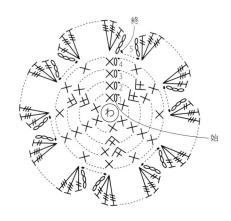

ザクロ花（花芯）

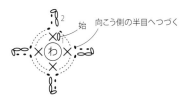

向こう側の半目へつづく

2段目はまず手前の半目を拾う

向こう側の半目を拾う

ザクロ花（ガク）

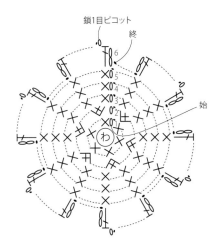

鎖1目ピコット

ザクロ葉

つくり目(15目)

束に拾う

鎖1目ピコット

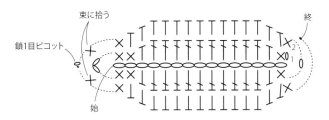

オリーブ

材料： 絹糸（各色1つずつ）、ブローチピン、
　　　　5mmラウンドビーズ、綿、地巻ワイヤー
仕上がりサイズの目安： 長さ約8.0cm×幅約3.5cm

この作品に使用した絹糸のメーカー名と色番号表

編み図名	（編み図名）実	茎に巻く糸	パーツ名（必要数）
オリーブ実	都　黒	都　131	A（1）
	都　150		B（1）
	都　205		C（1）
	オ　161		D（1）
	タ　95		E（1）

編み図名		パーツ名（必要数）
オリーブ葉	タ　83	a（2）
	タ　127	b（2）
	オ　155	c（2）

組み立て＆ブローチピンをつける時の糸	都　131

オ…オリヅル　タ…タイヤー　都…都羽根

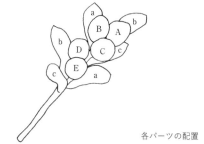

各パーツの配置

作り方

1.
実はビーズ芯と綿を入れて編み、枝の部分に糸を巻いておく。
→実の詳しい作り方は P34 参照

2.
パーツを組み立ててブローチピンをつける。→詳しい組み立て方は P43 参照

3.
裏側から見たところ。

4.
上側から見たところ。

オリーブ葉

つくり目（21目）

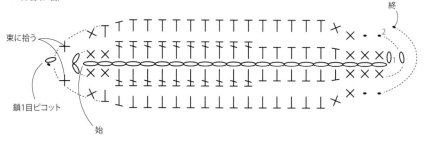

束に拾う

鎖1目ピコット

始

オリーブ実　　⇒　編み図 P35

終

HOW TO MAKE
· HERBS ·

P81
CHAMOMILE
カモミール

P97
ROSEMARY
ローズマリー

P100
ELDERFLOWER
エルダーフラワー

P93
CALENDULA
カレンデュラ

P108
CHICORY
チコリ

P88
ROSE HIP
ローズヒップ

P104
ROSE GERANIUM
ローズゼラニウム

P102
ELDERBERRY
エルダーベリー

P78
LAVENDER
ラベンダー

P85
JASMINE
ジャスミン

ラベンダー

材料： 絹糸（各色1つずつ）、ブローチピン、地巻ワイヤー
仕上がりサイズの目安： 長さ約8.0cm×幅約3.5cm

この作品に使用した絹糸のメーカー名と色番号表

| 編み図名 | （編み図名） | | | パーツ名 |
	花びら	ガク	ワイヤー芯（中）	（必要数）
ラベンダー花	オ　107	オ　157	オ　107	A（3）
	タ　53	オ　155	タ　53	B（3）
	都　128	都　114	都　128	C（3）
	タ　57	タ　31	タ　57	D（3）

※ラベンダー1本に、花びら7枚、ガク4枚が必要。

各パーツを1つに束ねる＆ブローチピンをつける時の糸	オ　155

オ…オリヅル　タ…タイヤー　都…都羽根

各パーツの配置

花とガクの編み方

1.
花びらはまず、わに作り目（5目）を編む。2段目は1目に1つずつ花びらを編む。

2.
花びらが5枚編めたところ。ラベンダーは花の表側が見えるように組むため、わの中心から編み始めの糸端を表に出しておく。

3.
ガクの2段目はまず、鎖を2目を編み（内1目は立ち上がり）、最初に編んだ鎖の目に針を入れて糸を引き抜く。

4.
続けて前段の頭目にも引き抜いたらガク1枚目完成。残りも同様に編む。ガクもわから編み始めの糸端を表に出しておく。

花の組み立て方

1.
花びらパーツにワイヤー芯を通す。この時、裏側から表に向かって通すことで、花びらの表面が正面から見える形となる。

2.
編み終わりの糸端とワイヤーを一緒に持ち、編み始めの糸端で数回巻き、ワイヤーの間を通して糸を切りボンドで固定する。

3.
ガクを通し、先ほどと同様に編み始めの糸端を巻く。ガクの糸端を巻いた部分は茎となるので長さ5mm程度糸を巻いておく。

4.
ガクの内側にボンドをつけて花びらに固定する。

5.
2枚目の花びらを通し、先ほど
と同様に固定する。

6.
3枚目の花びらも通し、同様に
固定する。

7.
ガクをつける。先ほどと同様に、
茎部分には長さ5mm程度糸端を
巻く。

8.
5〜7を後2回繰り返す。ワイ
ヤー芯1本に花びら7枚、ガク
4枚を通してラベンダーの花の
1本が完成する。

9.
完成した花。左からラベンダー
花A、B、C、D。

ラベンダー花（花びら）

ラベンダー花（ガク）

ラベンダー花（花びら）と（ガク）は、
編み終わったら編み初めの糸端を
わの中心から表側に出す。

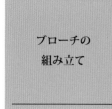

**ブローチの
組み立て**

1.
仮組で折り曲げたワイヤーの位置を目安にして茎の処理をしていく。まず折り曲げた位置でワイヤーを1本切る。

2.
切った付近から折り曲げた部分にかけて糸を巻き、茎の処理をする。

3.
最後はガクのつけ根まで糸を巻き、糸を短く切ってボンドで固定する。

4.
折り曲げた先のワイヤーが花の位置よりも長い場合は、一番下のガクのつけ根付近で切ってから茎の処理をする。

5.
全てのラベンダー花の茎の処理が完了したところ。茎の処理は、ガクと同じ色の糸でそれぞれ行う。

6.
奥側に配置する花（背の高い花）から先に組む。糸を巻きながら、徐々に背の低い花を加えて組んでいく。

7.
ブローチピンをつけているところ。巻くのに邪魔なパーツは一時的に位置をずらしてから糸を巻く。

8.
ピンをつけたところ。

9.
裏側から見たところ。

10.
上側から見たところ。

カモミール

材料： 絹糸（各色１つずつ）、ブローチピン、地巻ワイヤー
仕上がりサイズの目安： 長さ約8.0cm×幅約4.0cm

この作品に使用した絹糸のメーカー名と色番号表

編み図名	（編み図名）			ワイヤー芯（中）	パーツ名（必要数）
	花びら	花芯	ガク		
カモミール花	都 生成	タ 29	都 118	都 生成	A（3）
	都 4	オ 19	オ 119	都 4	B（3）
	都 15	オ 78	都 151	都 151	C（3）

編み図名	パーツ名（必要数）
カモミール葉	都 118	a（2）
	オ 119	b（2）
	都 151	c（2）

花や葉を束ねて茎の処理をする時の糸（この三色をランダムに使用）	都 118	
	オ 119	
	都 151	
各パーツを１つに束ねる＆ブローチピンをつける時の糸	オ 119	

オ…オリヅル　タ…タイヤー　都…都羽根

各パーツの配置

花の編み方

1.
3段目の最初の目に細編みを編んだところ。（引き抜き編みや立ち上がりの鎖は編まない）

2.
次に、先ほどと同じ目に引き抜き編みをし、つづけて編み図通り花びらを編む。花びら１枚目が完成。

3.
次の目以降も、１つの目にまず細編みを編んだ後に花びらを編む。

4.
花びらが10枚目まで編めたら、この段で最初に針を入れた目に針を入れて編み終える。

花の組み立て方

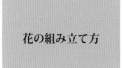

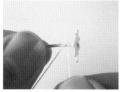

1.
花びらパーツにワイヤー芯を通す。

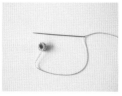

2.
花芯は裏面を表にする。わから編み始めの糸端を表に出して切りボンドで貼りつける。→P54いちご「花の組み立て方」参照

3.
花芯の編み終わりの糸端を縫い針に通して、花びらパーツに縫いつける。まず表側から針を入れる。

4.
花の裏側から、先ほど針を出したところの隣の目の位置に針を入れる。

5.
表側から出た針でそのまま花芯にも針を通す。

6.
先ほど針を出したところの隣の目の位置に針を入れる。これを繰り返して縫いつける。

7.
縫いつけ終わったら、糸を切りボンドで固定する。※縫いつけ方は自由。この方法以外で縫いつけても問題ない。

8.
ガクをつける。

9.
花パーツの完成。

カモミール花（花びら）

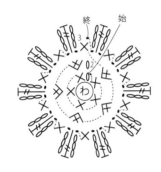

カモミール花（花芯）

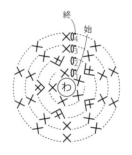

・編み終わりの糸端は長めに切る。
　（ぬいつける際に針に通して使うため）
・編み始めの糸端は わ の中心から表側に出す。
　裏面を表にして花びらにぬいつける。

カモミール花（ガク）

葉の編み方

1.
鎖編みを 10 目編む。その内 1 目は立ち上がりの 1 目）→ P36「鎖編みの作り目」参照

2.
立ち上がりの隣の鎖に針を入れ引き抜き編みをする。→P25（平編みのとき）の針の入れ方を参考にする。

3.
全部で 4 目引き抜き編みをしたところ。つづけて鎖 1 目を編んだ後、同様の方法で編み図通り鎖編みと引き抜き編みを行う。

4.
小さな葉が 4 枚編めたところ。

5.
3 で最初に編んだ鎖 1 目に針を入れる。

6.
引き抜き編みをしたところ。

7.
つづけてもう一枚小さな葉を編み、次は最初に編んだ作り目 10 目の内の 5 目めに針を入れて引き抜き編みをしたところ。

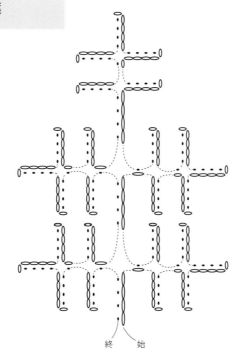

8.
後は、同様の方法で最後まで葉を編む。編み終わったら、水通しをしてからワイヤーをつける。

カモミール葉

終　始

葉の組み立て方

1.
長さ 18cmのワイヤーを半分に折り曲げ、折り曲げた部分に糸を巻く。

2.
ワイヤーをしっかりと折り曲げ、さらに糸を巻く。

3.
巻いた部分の片面にボンドを塗る。

4.
葉のパーツの先端付近を貼りつける。

5.
葉とワイヤーを一緒に糸で巻く。

6.
途中、飛び出た葉の部分が邪魔で糸が巻けなくなるので、葉の位置を一時的に移動する。

7.
移動している間は、ワイヤーのみに糸を巻く。

8.
再び葉とワイヤーを一緒に糸で巻く。

9.
同様の方法で葉の下まで糸を巻き、茎になる部分にも長めに糸を巻いたら葉の完成。

ブローチの組み立て方

1.
パーツを組み立ててブローチピンをつける。→詳しい組み立て方は P45 参照

2.
裏側から見たところ。

3.
上側から見たところ。

ジャスミン

材料： 絹糸（各色1つずつ）、ブローチピン、
　　　　3mmラウンドビーズ、地巻ワイヤー
仕上がりサイズの目安： 長さ約7.5cm×幅約4.0cm

この作品に使用した絹糸のメーカー名と色番号表

| 編み図名 | （編み図名） | | | パーツ名 |
	花びらつぼみ	ガク	ワイヤー芯（大）	（必要数）
ジャスミン花	都 白	都 124	タ 131	A（4）
	オ 14	タ 85	都 158	B（4）
ジャスミンつぼみ	オ 16	都 118		a（3）
	タ 42	タ 95		b（3）

編み図名	パーツ名（必要数）
ジャスミン葉	タ 127	c（1）
	オ 113	d（1）

組み立て＆ブローチピンをつける時の糸	タ 127

オ…オリヅル　タ…タイヤー　都…都羽根

各パーツの配置

花とつぼみの組み立て方

1.
わの中心から編み終わりの付近に針を入れて、編み終わりの糸端を裏側へ引き出しておく。

2.
花びらにワイヤー芯を通す。編み終わりの糸端とワイヤーを一緒に持って、編み始めの糸端で巻き固定する。

3.
ガクをつける。編み始めの糸端をワイヤーに巻く。

4.
完成した花パーツ。花びらが立体的な構造なので、花芯は花の奥の方にある形となる。

5.
つぼみはビーズ芯を編みくるみ、ガクをつける。→P42「つぼみの組み立て」参照

ジャスミン花（花びら）

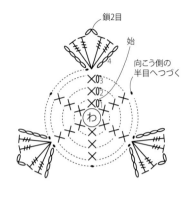

鎖2目

始

向こう側の
半目へつづく

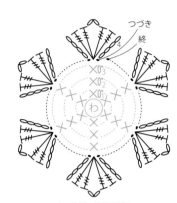

つづき

終

4段目はまず手前の半目を拾う

向こう側の半目を拾う

ジャスミンつぼみ

ビーズ芯（3mm）を編みくるむ

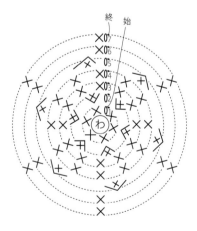

終　始

7段目 …	6目	
6段目 …	6目	
5段目 …	6目	6目減
4段目 …	12目	
3段目 …	12目	
2段目 …	12目	6目増
1段目 …	6目	

ジャスミン花（ガク）

ジャスミンつぼみ（ガク）

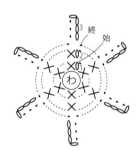

終　始

ジャスミン葉

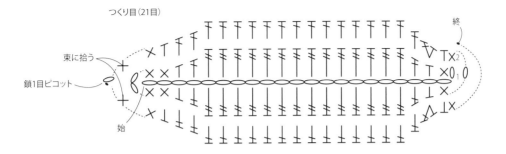

つくり目（21目）

束に拾う

鎖1目ピコット

始

終

**ブローチの
組み立て方**

1.
仮組を参考につぼみのパーツを
先に組んでおく。今回は、色は
ランダムにつぼみ2つとつぼみ
4つをそれぞれ組んでいる。

2.
作品の上側から組み立て始め
る。花とつぼみを組んだところ。

3.
ワイヤーは最終的に12本程度
になるように調整しながら適宜
切っておく。先に組んだパーツ
のワイヤーから順に切る。

4.
途中まで組んだところ。

5.
パーツを全て組み終えたら茎の
処理をしてブローチピンをつけ
る。

6.
最後は形を整えて完成。

7.
ピンをつけたところ。

8.
裏側から見たところ。

9.
上側から見たところ。

ローズヒップ

材料： 絹糸（各色1つずつ）、ブローチピン、
　　　　4㎜ラウンドビーズ、地巻ワイヤー
仕上がりサイズの目安： 長さ約7.0cm×幅約5.0cm

この作品に使用した絹糸のメーカー名と色番号表

編み図名	（編み図名）				パーツ名（必要数）
	実（茶色系）	実（赤系）	茎に巻く糸		
ローズヒップ実	オ 57	オ 4			A（3）
	オ 101	都 34	タ 31		B（3）
	都 92	都 202			C（3）

編み図名	（編み図名）					パーツ名（必要数）
	花びら（白系）	花びら（桃色系）	花芯	ガク	ワイヤー芯（中）	
ローズヒップ花	タ 4	都 161	タ 29	都 112	オ 16	D（1）
	オ 13	オ 93	タ 145	タ 31	都 5	E（1）

編み図名		パーツ名（必要数）
ローズヒップ葉	タ 31	a（5）
	都 112	b（5）

組み立て＆ブローチピンをつける時の糸	タ 31

オ…オリヅル　タ…タイヤー　都…都羽根

各パーツの配置

実の編み方

※本書ではローズヒップ実の突起部分は「ガク」と表記しています。

1.
茶色系の糸（ガクの色）で、わの作り目（5目）を編む。2段目はまず手前の半目に針を入れてガクを編む。

2.
ガクを5つ編んだらこの段で最初に針を入れた目に針を入れ引き抜き編みをし、さらに糸を引き抜いてから切る。

3.
先ほど編んだガク部分の裏側。2段目の向こう側の半目に針を入れているところ。

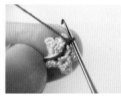

4.
赤系の糸（実の色）に変えたところ。この段は向こう側の半目を拾って編んでいく。

5.
2段目（向こう側の半目）を編んだところ。糸端は全て実の内側に入っている状態。3段目以降は普段通り頭目を拾って編む。

6.
茶色系の糸端は1cm程度にカットして実の内側に入れておく。短く切りすぎると実の表面に糸端が出ることがあるので注意。

7.
赤系の編み始めの糸端は丸めて実の中に入れる。ふくらみが足りない場合は共糸を追加してつめておく。

8.
ビーズ芯を中に入れ、実を最後まで編む。

9.
編み終わったらガク部分に水を数滴垂らして濡らし、ピンセットで形を整える。最後に、茎部分に糸を巻いたら実の完成。

ローズヒップ実　ビーズ芯（4mm）を編みくるむ

始

ここで1度糸を切る
（向こう側の半目へつづく）

2段目はまず手前の半目を拾う

━ ＝1色め（茶色系）
━ ＝2色め（赤系）

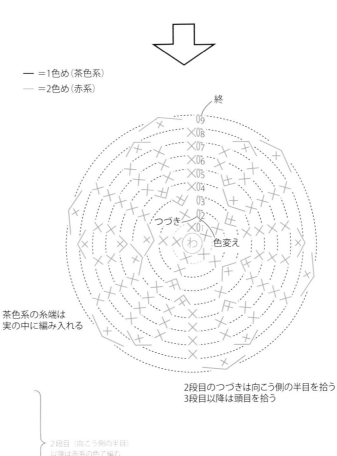

終

つづき

色変え

茶色系の糸端は
実の中に編み入れる

2段目のつづきは向こう側の半目を拾う
3段目以降は頭目を拾う

9段目 … 6目	⟩ 6目減	
8段目 … 12目	⟩ 6目減	
7段目 … 18目		
6段目 … 18目		
5段目 … 18目	⟩ 3目増	
4段目 … 15目	⟩ 5目増	
3段目 … 10目	⟩ 5目増	
2段目 … 5目	増減なし（向こう側の半目を拾う）	
2段目 …	ガクを編む（手前の半目を拾う）	
1段目 … 5目		

2段目（向こう側の半目）
以降は赤系の色で編む

1段目と2段目（手前の半目）
は茶色系の色で編む

ローズヒップ花（花びら）

色変え
終
3
始

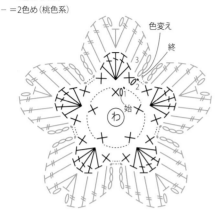

ローズヒップ花（花芯）

始　　向こう側の半目へつづく
2

終　つづき
2

2段目はまず手前の半目を拾う

向こう側の半目を拾う

ローズヒップ花（ガク）

鎖1目ピコット

始
2
終

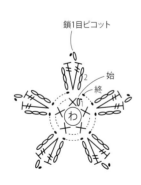

ローズヒップ葉

つくり目（10目）

鎖1目ピコット

終

2

1

束に拾う

始

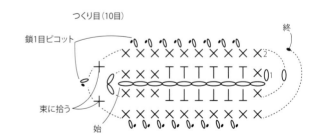

花の編み方

1.
1色めの糸（白系）で2段目まで編んだら一度糸を切る。

2.
2段目最初に編んだ細編みの頭目に針を入れる。

3.
2色めの糸（桃色系）をつけたら鎖を3目編む。この段からは解説のために赤い糸で編んでいる。

4.
つづけて、編み図通りに長々編みを3目編んだところ。

5.
次の目は1つの目に、長々編み＋鎖1目＋中長編み＋鎖1目＋長々編みを編み入れる。

6.
次の目からまた長々編み3目を編み、鎖3目を編んでから引き抜き編みをしたら花びらの1枚目が完成。

7.
花びらを5枚編んだら、この段で最初に針を入れた目に再び針を入れて編み終える。

8.
花が編み終わったところ。

花の組み立て方

1.
花芯パーツにワイヤー芯を通す。

2.
先ほど組んだパーツに花びらパーツを通す。糸端（桃色系2本、白系1本）とワイヤーを一緒に持ち、編み始めの糸端で巻く。

3.
花芯と花びらの間にボンドをつけ接着する。

4.
ガクをつけたら花パーツの完成。

5.
表から見たところ。

ブローチの組み立て方

1.
仮組を参考に、実は3つずつ先に組んでおく。葉は同じ色の葉を5枚1組にして組んでおく。

2.
組んでおいた実同士をさらに組む。

3.
ワイヤーは最終的に10本程度になるように調整しながら適宜切っておく。先に組んだパーツのワイヤーから順に切る。

4.
実と葉を合わせて組み、茎の処理をする。もう一方は花2つと葉を組む。

5.
茎の処理が終わったパーツ。

6.
2つのパーツを1つに束ねて、ブローチピンをつけたら完成。

7.
ピンをつけたところ。

8.
裏側から見たところ。

9.
上側から見たところ。

カレンデュラ

材料： 絹糸（各色1つずつ）、ブローチピン、地巻ワイヤー
仕上がりサイズの目安： 長さ約8.0cm×幅約3.0cm

この作品に使用した絹糸のメーカー名と色番号表

編み図名	（編み図名）				パーツ名（必要数）
	花びらI、II	花芯	ガク	ワイヤー芯（中）	
カレンデュラ花	タ 160	都 115	タ 81	都 114	A（1）
カレンデュラつぼみ					a（1）
カレンデュラ花	都 35	都 114	タ 127	オ 824	B（1）
カレンデュラつぼみ					b（1）
カレンデュラ花	都 65	オ 79	タ 83	都 115	C（1）
カレンデュラつぼみ					c（1）

編み図名		パーツ名（必要数）
カレンデュラ葉	タ 81	d（2）
	タ 127	e（2）
	タ 83	f（2）

パーツの組み合わせ（必要数）		パーツを組む時の糸
つぼみと葉2枚を組む際に使用する糸	葉d（2）＋つぼみa（1）	タ 81
	葉e（2）＋つぼみb（1）	タ 127
	葉f（2）＋つぼみc（1）	タ 83
各パーツを1つに束ねる＆ブローチピンをつける時の糸		タ 81

オ…オリヅル　タ…タイヤー　都…都羽根

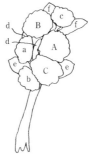

各パーツの配置

花とつぼみの組み立て方

1.
花とつぼみは途中まで工程が同じ。まずつぼみから解説する。花芯パーツにワイヤー芯を通し組んだところ。

2.
先ほどのパーツに（花びら）Iのパーツを通し組む。

3.
つぼみのガクを通し組み立てているところ。ガクの内側にはボンドを塗って花びらと接着する。

4.
ガクをつけたところ。つぼみの完成。

5.
花の組み立て方は1～2の工程まではつぼみと同じ。その後は（花びら）IIのパーツを通し、IとIIの中心部分を接着する。

6.
ガクをつけたら花の完成。花パーツは、ワイヤー芯に花芯→（花びら）I→（花びら）II→花のガクの順で組んでいる。

7.
完成した花とつぼみ。花の方は花びらが開いたようにふわっと形を整えることでつぼみとの違いがより明確に表現できる。

向こう側の
半目へつづく
始

つづき
終

3段目はまず手前の半目を拾う

向こう側の半目を拾う

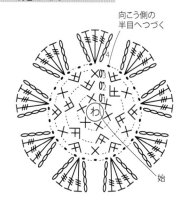

向こう側の
半目へつづく
始

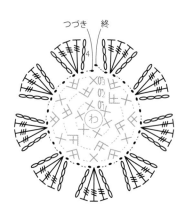

つづき　終

4段目はまず手前の半目を拾う

向こう側の半目を拾う

終　始

カレンデュラ花
（ガク）

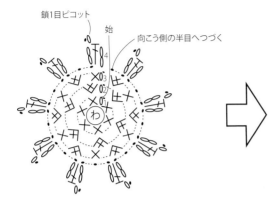

鎖1目ピコット
始
向こう側の半目へつづく

4段目はまず手前の半目を拾う

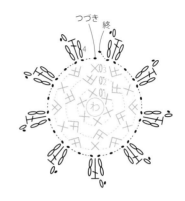

つづき　終

向こう側の半目を拾う

カレンデュラつぼみ
（ガク）

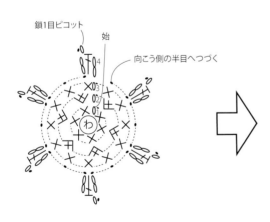

鎖1目ピコット
始
向こう側の半目へつづく

4段目はまず手前の半目を拾う

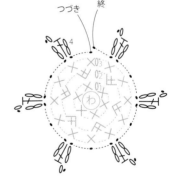

つづき　終

向こう側の半目を拾う

カレンデュラ葉

つくり目（15目）

鎖1目ピコット

終

束に拾う

始

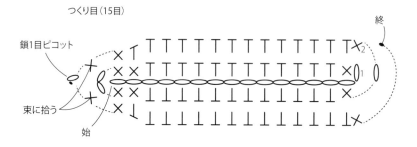

ブローチの
組み立て方

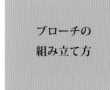

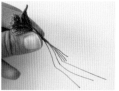

1.
仮組を参考に、つぼみは葉2枚
とセットで組む。つぼみと葉を
組むとワイヤーが6本になるの
で、その半数を切ったところ。

2.
つぼみと葉2枚を組んで茎の処
理を終えたところ。

3.
全パーツの茎の処理を終えたと
ころ。花は単体で茎の処理をし
ている。

4.
背の高いパーツから糸で束ねて
いく。

5.
ブローチピンをつけているとこ
ろ。

6.
ピンをつけたところ。

7.
裏側から見たところ。

8.
上側から見たところ。

ローズマリー

材料： 絹糸（各色1つずつ）、ブローチピン、地巻ワイヤー
仕上がりサイズの目安： 長さ約8.5cm×幅約4.0cm

この作品に使用した絹糸のメーカー名と色番号表

編み図名	（編み図名）花びら	ワイヤー芯（小）	パーツ名（必要数）
ローズマリー花	タ 5	オ 108	A（2）
	タ 26	都 127	B（4）
	オ 108	オ 109	C（4）
	都 127	都 生成	D（2）

編み図名		パーツ名（必要数）		パーツの組み合わせ（必要数）		パーツを組む時の糸	パーツ名
ローズマリー葉	都 112	a（15）	パーツ（I〜III）をそれぞれ組む時の糸	葉a（15）	花A（2）花B（2）	都 210	I
	タ 83	b（15）		葉b（15）	花B（2）花C（2）	都 131	II
	都 28	c（15）		葉c（15）	花C（2）花D（2）	オ 48	III
			パーツ（I〜III）を1つに束ねる＆ブローチピンをつける時の糸			都 210	

オ…オリヅル　タ…タイヤー　都…都羽根

各パーツの配置

| 葉の編み方 |

1.
作り目（12目）を編んだところ。
この作品は葉の数が多いので、ワイヤーは長さ9cmのものを端から約2cm折り曲げて使用。

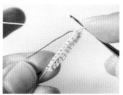

2.
葉の片側を編んだところ。

3.
葉の先端は、まず鎖1目ピコットを編む。

4.
つづけて鎖1目を編んだら先端の完成。あとは通常通り、反対側の半目を拾いながら最後まで編む。

5.
葉が編み終わったら、この段最初に編んだ細編みの目に針を入れて編み終える。

6.
糸端をワイヤーに巻き、糸処理が終わったところ。

ローズマリー花

終 始

わ

ローズマリー葉

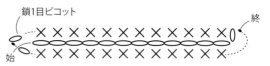

つくり目（12目）

鎖1目ピコット

始　　　　　　　　　　　　　　　　　　　　終

花の組み立て方

1.
花びらパーツにワイヤー芯を通し組み立てる。

2.
裏側から見たところ。ガクはつけず、花びらの編み始めの糸端を7〜8mm程の長さに巻いておく。

3.
ローズマリーは大きなグループⅠⅡⅢごとにまず組んでから、1つに束ねる。写真は左から、Ⅰに使用する花A、Bと葉a。

4.
左から、Ⅱに使用する花B、Cと葉b。

5.
左から、Ⅲに使用する花C、Dと葉c。

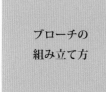

ブローチの組み立て方

1.
Ⅰ、Ⅱ、Ⅲそれぞれ仮組をする。

2.
仮組をほどいて、本組をしていく。作品上部から順に組んでいく。

3.
パーツ数が多いので、ワイヤーはこまめに切る。Ⅰ～Ⅲそれぞれ最終的に6本程度になるように調整しながら切る。

4.
Ⅰに必要なパーツを全て組んだところ。最後改めて長さを微調整するので一旦この状態にしたまま、残りのⅡとⅢの本組をする。

5.
Ⅰ～Ⅲの本組ができたら、再び仮組をして全体のバランスを決める。改めて完成予定の位置でワイヤーを折り曲げる。

6.
最終決定した長さに合わせてⅠ～Ⅲの枝の処理をする。左からⅠ、Ⅱ、Ⅲ。

7.
3つを1つに束ねる。まずⅠとⅡを組む。葉のつけ根から糸を巻き始め、作品下部に向かって巻いていく。

8.
Ⅲを加て糸を巻く。次は作品上部に向けて糸を巻いていく。組立時は常に少量のボンドをつけながら行う。

9.
Ⅲの葉が邪魔になるので一時的に位置を変えながら、Ⅰ～Ⅲを一緒に巻いていく。

10.
ブローチピンをつける位置まできたら、糸は切らずにそのままピンつけ作業に入る。邪魔になるのでⅢごと位置を変える。

11.
ピンに糸を巻いていくと、Ⅱも邪魔になるので一時的にⅡごと位置を変えておく。

12.
ピンの1/2～2/3ほど糸で巻けたら、ピンと作品の間に糸を通して短く切り糸端をボンドで固定する。

13.
各パーツの位置を元にもどし、形を整えたら整えたら完成。

14.
ピンをつけたところ。

15.
裏側から見たところ。

16.
上側から見たところ。

エルダーフラワー

材料： 絹糸（各色1つずつ）、ブローチピン、地巻ワイヤー
仕上がりサイズの目安： 長さ約7.0cm×幅約6.0cm

この作品に使用した絹糸のメーカー名と色番号表

| 編み図名 | （編み図名） | | | | パーツ名 |
	花びら	花芯	茎に巻く糸	ワイヤー芯（小）	（必要数）
エルダーフラワー 花	都 白	オ 141	タ 95	都 白	A（30）
	都 生成	タ 23	都 118	都 生成	B（30）

編み図名	パーツ名（必要数）
エルダーフラワー 葉	都 124	a（5）

組み立て＆ブローチピンをつける時の糸	都 124

オ…オリヅル　タ…タイヤー　都…都羽根

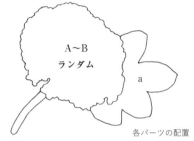

A〜B
ランダム

a

各パーツの配置

花と葉の組み立て方

1.
花芯パーツにワイヤー芯を通す。

2.
先ほど組んだパーツに花びらパーツを通す。

3.
茎部分に糸を巻いたら花パーツの完成。

4.
葉5枚を写真のように組んで1つにまとめておく。

ブローチの組み立て方

1.
エルダーフラワーの仮組は後半に行う。まずは花パーツを3〜4本ずつ組む。色はランダム。

2.
先ほど組んだ花パーツ同士を合わせて組んでいく。

3.
1で組んだ花パーツを3〜4組ずつ組んでいき、最終的には5セットほどにする。

4.
パーツ数が多いので、ワイヤーは適宜こまめに切っておく。最終的にワイヤーが12本程度になるように調整する。

5.
1で組んだ花同士を組んで、5
セットできあがったところ。

6.
組みあがったパーツを2つずつ
合わせてさらに組む。花全体が
ふんわりとドーム状になるイ
メージで組んでいく。

7.
6で組んだパーツとパーツをさ
らに合わせて組む。これで、5
セットの内の4つが1つにまと
まった状態となる。

8.
最後のパーツも加えて組む。こ
れで全てのパーツが組まれた状
態となる。

9.
ここで葉と花を仮組する。完成
予定のサイズでワイヤーを折り
曲げる。

10.
花と葉を組んで1つにまとめ、
茎の処理をしブローチピンをつ
ける。

11.
ピンをつけたところ。

12.
裏側から見たところ。

13.
上側から見たところ。

エルダーフラワー花（花びら）

エルダーフラワー花（花芯）

エルダーフラワー葉 ※エルダーベリー葉と共通

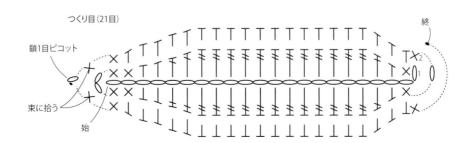

エルダーベリー

材料：
　絹糸（各色１つずつ）、ブローチピン、地巻ワイヤー
仕上がりサイズの目安：　長さ約 7.0cm×幅約 6.0cm

この作品に使用した絹糸のメーカー名と色番号表

編み図名	（編み図名）実	ワイヤー芯（大）	茎に巻く糸	パーツ名（必要数）
エルダーベリー実	都　黒		タ 208	A（40）
	都　70			B（30）
	都　92			C（10）
	都　38			D（10）

編み図名		パーツ名（必要数）
エルダーベリー葉	都　151	a（5）

実のパーツ同士を組む時の糸	タ 208
実と葉を組む時＆ブローチピンをつける時の糸	都 151

オ…オリヅル　タ…タイヤー　都…都羽根

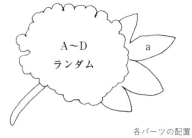

A〜D
ランダム

a

各パーツの配置

実と葉の作り方

1.
実を編み進めたら、編み始めの糸端は切っておく。実が小さいので、糸端を中につめるのが難しいため。

2.
ワイヤー芯を入れて、最後まで編む。編み終わったら糸端をワイヤーに数回巻きボンドで固定する。

3.
茎部分に糸を巻いたら実の完成。左から、エルダーベリー実A、B、C、D。

4.
葉5枚を写真のように組んで1つにまとめておく。

ブローチの組み立て方

1.
エルダーベリーの仮組は後半に行う。まずは実パーツを3〜4本ずつ組む。色はランダム。

2.
1で組んだパーツをそれぞれ2つずつ合わせて組む。

3.
パーツ数が多いので、ワイヤーは適宜こまめに切っておく。最終的にワイヤーが12本程度になるように調整する。

4.
1で組んだパーツを2つずつ組んだところ。この時点で実のパーツは12セットほどになる。

5.
12セットあるパーツを2つず
つ組んでいく。

6.
この時点で実のパーツは6
セットほどになる。

7.
6セットあるパーツを組んで
1つにまとめる。今回、エル
ダーベリーは垂れ下がる姿をイ
メージで少し下向きに組んでい
る。

8.
実のパーツを全て組み終わった
ところ。

9.
ここで葉と実を仮組する。完成
予定のサイズでワイヤーを折り
曲げる。

10.
実と葉を組んで1つにまとめ、
茎の処理をしブローチピンをつ
ける。ここからは葉で使用した
色を使って仕上げている。

11.
ピンをつけたところ。

12.
裏側から見たところ。

13.
上側から見たところ。

エルダーベリー実　　ワイヤー芯（大）を編みくるむ

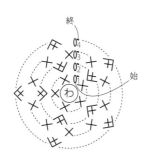

終

始

わ

4段目 … 5目	5目減
3段目 … 10目	
2段目 … 10目	5目増
1段目 … 5目	

エルダーベリー葉　　⇒　編み図 P101
※エルダーフラワー葉と共通

ローズゼラニウム

材料： 絹糸（各色１つずつ）、ブローチピン、地巻ワイヤー
仕上がりサイズの目安： 長さ約7.5cm×幅約5.0cm

この作品に使用した絹糸のメーカー名と色番号表

編み図名	（編み図名）花びら	ガク	刺しゅう(1本取り)	ワイヤー芯(中)	パーツ名(必要数)
ローズゼラニウム花	タ 150	都 28	都 83	オ 13	A（5）
	都 161	都 152	オ 89	オ 140	B（7）
	都 162	都 112	タ 59	タ 150	C（4）

編み図名		パーツ名(必要数)
ローズゼラニウム葉	都 28	a（1）
	都 152	b（1）
	都 112	c（1）

	パーツの組み合わせ(必要数)		パーツを束ねる時の糸
パーツをそれぞれ 2つに束ねる	葉a（1）	花A（5）花B（4）	都 152
	葉c（1）	花B（3）花C（4）	都 28
各パーツを1つに束ねる＆ブローチピンをつける時の糸			都 28

オ…オリヅル　タ…タイヤー　都…都羽根

A（5コ）B（4コ）ランダム
B（3コ）C（4コ）ランダム
b c a

各パーツの配置

葉の編み方

1.
葉の１段目を編み終えたところ。

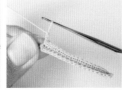

2.
鎖2目を編んでから、1段目最初に編んだ細編みの頭目に針を入れ2段目開始。2段目はまず細編みを5目編む。

3.
鎖8目（内1目は立ち上がり）→鎖（半目）を拾い細編みを7目編む。※残りの半目と裏山は3段目の時に拾う形となる。

4.
先端まで編み進めたら、前段の鎖2目を束に拾って、細編み＋鎖2目＋細編みを編み入れる。

5.
2段目を編み終えたところ。

6.
2で編んだ鎖2目を束に拾って細編みを2目編む。

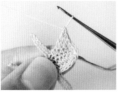

7.
3段目開始。前段の細編みの目を1目ずつ拾って細編み、中長編み、長編み、長々編み、長編み、を編んだところ。

8.
次は、3で編んだ鎖の残りの半目と裏山を拾って編んでいく。まず1つ目の半目と裏山を拾って長々編みを編む。

9.
次の目にも長々編み、その次の目には三つ巻き長編みを2目編んだところ。

10.
鎖を3目編んだ後、先ほど三つ
巻き長編みを編み入れた目と同
じ目に中長編みを編む。

11.
次の目以降も同様に編んでい
き、先端まで編んだところ。

12.
反対側を編む際は、3で編んだ
細編みの頭目に針を入れて編ん
でいく。

13.
根本まで編んだら、2段目に編
んだ細編みを2つとばして、3
つ目の細編みの頭目に針を入れ
編んでいく。

14.
3段目の片側が編み終わったと
ころ。

ローズゼラニウム葉

つくり目（18目）

束に拾う
束に拾う
束に拾う
始

— =つくり目と1段目
— =2段目
— =3段目

1 2 3
終

束に拾う

15.
葉の先端を編む。前段の鎖2目を束に拾って、中長編み、長編み×4、中長編みを編み入れたところ。

16.
3段目のもう片方も同様にして編む。3段目が編み終わったところ。

17.
最後は、6で編んだ細編みの頭目をそれぞれ拾って細編み→3段目最初の細編みの目に針を入れて編み終える。

18.
水通し後、糸処理をしたら葉の完成。

花の作り方

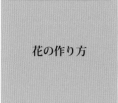

1.
花びらは水通し後に刺繍をする（1本取り）。まず1枚目の花びらを編み入れた目の裏側から表側へ針を出す。

2.
糸端は最後に固定するので、玉止め等はせずに数センチ残した状態でそのままにしておく。花びらに針を入れたところ。

3.
1と同じ目から針を出し、先ほどより少し内側に針を入れ2本目の模様を刺繍したところ。

4.
同様の方法で3本目の模様を刺繍したら、隣の目（2枚目の花びらを編み入れた目）から針を出す。

5.
2枚目の花びらの刺繍も終えたら、糸を数センチ残して切る。

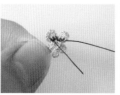

6.
刺しゅうが終わった花びらを裏側から見たところ。

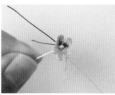

7.
花びらパーツにワイヤー芯を通す。

8.
刺しゅうした際の糸端2本と、編み終わりの糸端1本とワイヤーを一緒に持ち、編み始めの糸端で巻いて糸処理する。

9.
ガクをつける。

10.
花パーツの完成。左から、ローズゼラニウム花A、B、C。

ローズゼラニウム花（花びら）

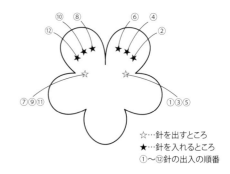

☆…針を出すところ
★…針を入れるところ
①〜⑫針の出入の順番

ローズゼラニウム花
（ガク）

ブローチの
組み立て方

1.
仮組を参考に、花パーツから組み立て始める。

2.
ワイヤーは最終的に8本程度になるように調整しながら適宜切っておく。先に組んだパーツのワイヤーから順に切る。

3.
花を組む時はドーム状になるよう意識して組む。

4.
葉をつけたら茎の処理をする。ワイヤーは8本あるので、その半数（4本）をカットし茎を作る。

5.
茎の処理を終えたところ。

6.
もう一つの花と葉も組んでから茎の処理をしておく。

7.
2つのパーツに糸を巻いて1つに束ねる。

8.
先ほど巻いた糸の上にボンドをたっぷりと塗り、その上にブローチピンをつけていく。

9.
ピンをつけたところ。

10.
裏側から見たところ。

11.
上側から見たところ。

チコリ

材料： 絹糸（各色1つずつ）、ブローチピン、地巻ワイヤー
仕上がりサイズの目安： 長さ約8.0cm×幅約2.5cm

この作品に使用した絹糸のメーカー名と色番号表

編み図名	（編み図名）花びら	（編み図名）花芯	ガク	ワイヤー芯（中）	パーツ名（必要数）
チコリ花	都 213	都 174	都 152	都 213	A（2）
	タ 27	都 214		タ 27	B（2）
	都 64	タ 109	都 112	都 64	C（1）
	タ 26	都 168		タ 26	D（1）

編み図名	（編み図名）つぼみ	ガク	ワイヤー芯（大）	パーツ名（必要数）
チコリつぼみ	都 124	都 152	都 124	a（3）
	タ 81	都 112	タ 81	b（3）

	パーツの組み合わせ（必要数）		パーツを束ねる時の糸
花とつぼみを組む時の糸	花A（1）花B（1）	蕾a（1）蕾b（1）	都 152
	花C（1）花D（1）	蕾a（1）蕾b（1）	都 112
	花A（1）花B（1）	蕾a（1）蕾b（1）	都 152
各パーツを1つに束ねる＆ブローチピンをつける時の糸			都 112

オ…オリヅル　タ…タイヤー　都…都羽根

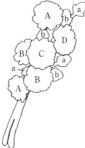

各パーツの配置

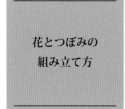

花とつぼみの組み立て方

1.
花芯パーツにワイヤー芯を通す。

2.
先ほど組んだパーツに花びらパーツを通す。

3.
先ほど組んだパーツにガクを通し、花パーツの完成。

4.
つぼみはワイヤー芯を編みくるむ。

5.
ガクを通したら、ガクの内側の
中心部にボンドをつけつぼみと
接着する。つぼみの完成。→P42「つぼみの組み立て」参照

チコリ花（花びら）

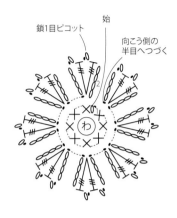

鎖1目ピコット

始

向こう側の
半目へつづく

2段目はまず手前の半目を拾う

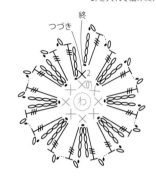

この段最初の細編みの目に
針を入れて編み終える

終

つづき

向こう側の半目を拾う

チコリ花（花芯）

始　終

チコリ花（ガク）

チコリつぼみ（ガク）

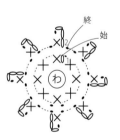

終　始

チコリつぼみ

ワイヤー芯（大）を編みくるむ

終　始

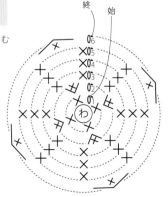

6段目 … 4目	4目減
5段目 … 8目	
4段目 … 8目	
3段目 … 8目	
2段目 … 8目	4目増
1段目 … 4目	

109

ブローチの
組み立て方

1.
仮組を参考に、まずつぼみ2個
と花2個を1つに組んでいく。

2.
ワイヤーが8本になるので、そ
の半数（4本）を切り、茎の処
理をする。

3.
茎の処理を終えたパーツを3
セットつくる。

4.
3つのパーツを1つに束ねてい
く。背の高いパーツから順に組
む。

5.
3つを束ねたら、ブローチピン
をつける。

6.
ピンをつけたところ。

7.
裏側から見たところ。

8.
上側から見たところ。

おわりに

香り豊かなハーブ、みずみずしい果実…そんな魅力的なモチーフを、
アンデルヨンらしい繊細なデザインと色使いでブローチ・コサージュに仕上げました。
ハーブは花や葉をたっぷりと編んでふんわりとした優しい佇まいに、
果実は立体的で愛らしい姿が引き立つようにと、こだわりながら表現しました。
日頃から、制作の際は可能な限り本物の植物を観察した上で作品に落とし込むようにしています。
今回も、実際に観察して感じたイメージを大切にしながら、制作をすすめました。
編んではほどいてを何度も繰り返しつまずいたり立ち止まったりすることもありました。
それでも、常に編むことを楽しみながら、じっくりと少しずつ理想の形に近づけていきました。
どの作品からも、きっと、植物のいきいきとした雰囲気を感じて頂けるかと思います。
本書の作品づくりを通して、糸とかぎ針に触れながら手を動かす楽しさを味わって頂けましたら
幸せです。ぜひ、編むことの心地よさをじっくりと感じながら、繊細で美しいハーブと果実の世
界をお楽しみください。

2024年4月吉日　　　アンデルヨン

アンデルヨン
anderuyon

岩手県出身。
大学で染織を学び、卒業後数年間は染色作品を中心に制作活動を行う。
その後編み物と出会い徐々に今のスタイルとなる。
広島県を拠点に作家活動を行いながら、書籍などへの作品提供も行なっている。
著書に『絹の糸とかぎ針で編む 四季の草花アクセサリー』（産業編集センター／発行）
がある。
携わった本に、『金票で編むちいさなレース編み』（ブティック社／発行）、
『刺しゅう糸とかぎ針で編む12か月の花のリース 』
（アップルミンツ／発行、日本ヴォーグ社／発売）
『デイリー＆アニバーサリーのベビーニットこもの』（日本文芸支社／発行）がある。

Instagram @anderuyon_
X @anderuyon

絹の糸とかぎ針で編む
香る草花と
果実のアクセサリー

2024年4月15日　第1刷発行
2024年7月1日　第2刷発行

著者　　　アンデルヨン
装丁デザイン　徳吉 彩乃
撮影　　　猪俣 淳
ヘアメイク　藤田 順子
編み図作成　株式会社ウエイド（WADE LTD.）
DTP　株式会社のほん
編集　　　松本 貴子（産業編集センター）

発行　　株式会社産業編集センター
〒112-0011　東京都文京区千石4丁目39番17号
TEL 03-5395-6133　FAX 03-5395-5320
印刷・製本　株式会社 研文社

©2024 anderuyon Printed in Japan
ISBN978-4-86311-401-2 C5077